U0896811

福清市文化体育和旅游局组织编写

文化福清

古贤福清

郑敬平　贾　枚◎编著

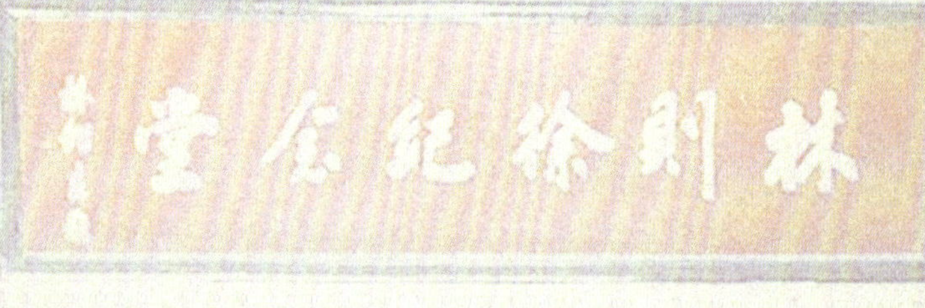

WUHAN UNIVERSITY PRESS
武汉大学出版社

图书在版编目（CIP）数据

古贤福清/郑敬平，贾枚编著. —武汉：武汉大学出版社，2015.12
文化福清
ISBN 978-7-307-16744-5

Ⅰ. 古…　Ⅱ. ①郑…　②贾…　Ⅲ. 历史人物—生平事迹—福清市
Ⅳ. K820.857.4

中国版本图书馆CIP数据核字（2015）第209500号

责任编辑：郭　芳　　　责任校对：王小倩　　　装帧设计：张希玉

出版发行：**武汉大学出版社**（430072　武昌　珞珈山）
（电子邮件：whu_publish@163.com　网址：www.stmpress.cn）
印刷：武汉市金港彩印有限公司
开本：787×1092　1/16　印张：8.25　字数：142千字
版次：2015年12月第1版　　2015年12月第1次印刷
ISBN 978-7-307-16744-5　　定价：52.00 元

小序

一方水土养一方人，一方水土出一方人。

吾邑福清自唐圣历二年（699）置县迄今，已有1300多年历史。自唐大和四年（830）福清出了第一名进士林简言，至清光绪二十九年（1903）废除科举制度的1073年间，从福清这片素重“诗书礼乐”“登科第者甲于诸邑”的土地上，走出了1404位举人、710位进士。据不完全统计，其中担任相当于宰相职位2人、副相6人、六部九卿19人、封疆大吏31人。还有文学家、音乐家、书画家、理学家、史学家、天文地理历法专家、高僧大德及忠肝义胆之士等500多人。他们秉持“修身、齐家、治国、平天下”的理念，用血汗和智慧铸就光辉灿烂的人生，不仅为家乡福清赢得了“海滨邹鲁，文献名邦”的美誉，也带给邑人无上荣耀、自豪与激励，至今仍不失为我们瞻仰和学习的榜样。

本书从众多的古贤中遴选出其中较为知名的各类人物62位，其中唐代6人，宋代25人，元代2人，明代23人，清代6人。按人物生年编排，生年不详的大体按其生活的朝代排序，以示尊重。在选择过程中难免有所遗漏，所记述的事也可能不甚周全，这些都有待今后不断补正。

本书力图熔思想性、知识性和可读性于一炉，希望通过对这些历史人物的介绍，挖掘和弘扬优秀的传统文化，为社会主义核心价值观寻根，推进中国特色社会主义文化创新。由于资料欠缺，有些文字较为简略，有的还只是传说，并非史实，仅资通俗阅读，还望方家教正。

目　录

◎唐代 /1

◎宋代 /19

◎元代 /59

◎明代 /65

唐代

黄檗希运

—— 主张心即佛的临济宗祖师

希运（775—850），俗姓不详，福唐江阴里（今江阴镇）人。幼年时就有佛缘，10岁出家，在黄檗山万福寺做小沙弥。长大成人后，身高七尺而魁梧，尤其额头正中有一颗圆形肉珠隆起，宝相非凡。他在黄檗山万福寺修持多年后，不满足于本寺诸位禅师的法教，决定四出游方，寻访高僧。

希运经浙江台州天台山，最后到达长安，谒见高僧南阳慧忠禅师。由于当时慧忠已经年老了，不久又入寂，希运只在那里逗留了很短的时间。这时，他听人讲在江西弘法的马祖道一和百丈怀海都是当时禅法高超的大德，从学者如云，心生敬仰，便离开长安，折回江西。他想先到钟陵（今江西省进贤县）拜谒马祖道一禅师，经过钟陵近郊开元寺时，却见怀海正守在一座灵塔前，原来马祖道一已经圆寂。希运叹道："此番小僧大老远来到这里，就是想见一见马大师，不想缘福薄浅，无缘见面，太遗憾了！"百丈怀海见希运十分诚心，就把自己在马祖道一那里学习时被呵斥的经过告诉了希运。当年怀海谒见马祖道一时，马祖道一举起床上一柄拂子，一言不发。怀海满心狐疑，问："即此用，离此用？"马祖道一听了就把拂子挂到墙上。过了一会儿才问："你以后就靠两片嘴皮子，怎么做人？"怀海并不理会，也不回答，却伸手从墙上把拂子取下，竖了起来。马祖道一见状，发问："即此用，离此用？"怀海听他问的话正是他刚刚问过的，就照

着马祖道一的做法，也把拂子挂到墙上。不料，马祖道一如雷般地大呵一声，震得怀海一连三天耳朵嗡嗡作响。希运听了马祖道一大机大用的禅法，惊奇得连连咂舌。从此就留在百丈怀海身边，潜心学习禅法，成了百丈怀海的高足和法嗣。

后来，希运还在高安（今江西省宜丰县附近）建造黄檗寺，并在此弘扬佛法。相传当时唐宣宗李忱还是一位藩王，为避朝廷内斗，曾于高安黄檗寺剃度为小沙弥。有一次他问希运禅师：“不着佛求，不着法求，不着僧求，请问祈求什么呢？”希运答道：“不着佛求，不着法求，不着僧求，正因为无求才要经常拜佛。”李忱又讲：“既是如此，还拜佛干什么呢？”希运见他仍然不悟，便掴了他一巴掌。李忱被一掌打痛了，嘟哝道：“什么大和尚，太粗鲁了。”希运大声呵斥道：“这是何地，容你说粗说细。”接着又是一巴掌。此外还有李忱和希运观瀑联句的传说。一种说法是希运的上联为：“穿云透石不辞劳，地远方知出处高。”李忱接句为：“溪涧岂能留得住，终归大海作波涛。”另一种说法是希运的上联为：“千岩万壑不辞劳，远看方知出处高。”李忱接句如上。孰是孰非有待考鉴。

再后来，希运回到自幼出家的黄檗山万福寺。他一回来便四出募缘，重修梵宇，大弘禅法，使本已衰微的黄檗山万福寺又呈现佛光普照、信众如云的繁荣局面。人们都称他“黄檗禅师”，佛教典籍上称其为“黄檗希运”。

唐会昌二年（842），曾任唐宣宗李忱宰相的裴休，在希运拜师修法的钟陵建龙兴寺，请希运前去主持佛法。原来，希运

在钟陵期间，裴休正好在钟陵任观察使，他笃信佛释，与希运有很深的交情，成为希运的居家弟子，经常向希运请教佛法，对希运十分崇拜。曾赠诗云："自从大士传心印，额有圆珠七尺身。挂锡十年栖蜀水，浮杯今日渡漳滨。八千龙象随高步，万里花香结胜因。拟欲事师为弟子，不知将法与何人？"希运也口吟一偈回赠："心如大海无边际，口吐红莲养病身。自有一双无事手，不曾只揖等闲人。"唐大中二年（848），裴休移镇宛陵（今安徽省宣城市），又把希运请到当地开元寺弘法，并建大禅苑作为希运弘法场所。裴休常去参问，并记录所说，后来整理成书，即为现行的《黄檗希运禅师传心法要》。

希运一生驻锡多处寺院，弟子无数，其中堪称高足的有临济义玄、睦州陈、千顷楚南等 12 人，尤其临济义玄后来成为临济宗祖师。义玄佛性酷似其师，初谒希运在山三年，后到高安滩头大愚那里，不久又折返黄檗山。见义玄返回，希运劈头便问："你这家伙，来了又去，去了又来，你忙些什么？"义玄便将在大愚那里的获悟经过告诉希运。希运听了说："大愚这老头子，真多嘴，下次要是再来，一定把他揪住痛打一顿。"话音刚落，义玄立即接茬："说什么下次，现在就揍。"说着一掌向希运打来。希运呵斥道："你这小鬼头胆大包天，莫非疯了，敢在老虎头上拔毛？"义玄毫无畏惧，也对希运狂呵一声。希运虽然表面上让人把义玄拉下去打一顿，可心里却暗暗认定："此人就是我的接班人了。"此后，更留意教导他。又有一次义玄正在地里干活，希运见他拄着锄头站在地里歇着，问道："干活累了吗？"义玄回答："累什么，锄头还没举呢！"希运举棒就打，不想被义玄抓过一拉，重重地摔在地上。希运连忙叫身边的维那把

他扶起来，维那边扶希运边责怪他：“你这大和尚，怎么能让这疯子如此无礼？”义玄听见了，不由分说对准维那就是一拳。一边还在地上挖了个坑，对希运说：“别的和尚死了用火烧，我这里兴活埋！”就是这个义玄，果然不负希运的期望，后来在希运圆寂后的唐大中八年（854），于真定（今河北省正定县）滹沱河边建造临济禅院，弘扬禅法，开创禅宗一大宗派——临济宗。

希运晚年弘法时，常常语重心长地开导僧众。有一次他上堂讲法，说道：“我给你们讲个赵州公案。有个僧人问赵州：‘狗们有没有佛性？’赵州答：‘没有。’请你们留心这‘没有’二字，并记在心上，白天参究，晚上参究，不管行住坐卧，穿衣吃饭，屙屎放尿，只是一心一意，振足精神，守着这‘没有’二字。时间久了，忽然在顷刻间，心花顿发，省悟佛祖之批，方才不致被天下老和尚的嘴巴欺骗。到了这个时候，你就可以说大话了：达摩西来风起浪，世尊拈花一场败缺。这会儿，别说什么阎王老子，就是千个圣人，也对你没有办法。事情就是这样奇特——事怕有心人。”为了便于弟子们记住，他还当场说偈一首，云：“尘劳迥脱事非常，紧把绳头做一场。不是一番寒彻骨，怎得梅花扑鼻香。”

唐大中四年（850），希运禅师在高安黄檗寺安然入寂，赐谥“断际禅师”。

释义忠

——御赐“广济大师”的高僧

释义忠（781—872），俗姓杨，祖籍陕西咸阳高陵县，其父曾任福唐县（即今福清市）县令，唐建中二年正月初六，义忠出生于福唐县治所。唐贞元十一年（795），释义忠14岁，因劝说移任宋州（今河南省商丘市）的父亲改去贪婪恶习无果，便愤然剃度出家。

释义忠先是拜宋州律师玄用为师，随后遍访福建、广东各大名刹，先后到过福建武夷山、鼓山，广东佛山、罗浮山，拜访众多高僧，被石巩、大颠玄师等收为徒弟。他好学不倦，废寝忘食，不仅学习佛教经、律，以修身养性；还学习太祖拳和少祖拳等武术，以强身扶弱；尤其重视对医学的实践与研究，深入民间，博采众长，救死扶伤。他几十年如一日，学有所得，成为一位道行高深、武艺过人、医术高明的禅师。唐宝历元年（825），释义忠从广东返回福建。

释义忠途经漳州紫芝山，见这里村落稀少，人丁不旺。打听得知，这里常闹瘟疫，缺医少药，所以一派萧条。他决定在紫芝山住下，走乡串巷，一边行医，免费为百姓治病；一边化缘，在紫芝山半云峰下建三平寺。经过十几年的努力，三平寺终于落成，远近僧尼闻讯前来投缘，三平寺很

快成为方圆百里的名刹，更多的百姓慕名而来投医问药，一时间名震闽南。不料，到了唐武宗李炎登基，李炎对和尚有成见，下旨除庙赶和尚。三平寺太出名了，自然成了朝廷灭佛的目标。无奈，释义忠只好放弃紫芝山，率众僧尼到了山高皇帝远的平和县九层岩，再建一座新三平寺。

那时候，平和县境内的九层岩地区，山民过着原始的刀耕火种的生活，住洞穴，穿兽皮，听天由命，生存艰难，不少山民被迫迁徙到别的地方去了。释义忠到了那里，深入洞穴，对山民嘘寒问暖，悉心为山民治病，向山民传授健身武术，被山民尊为“仙人”。消息传出，外迁的山民陆续回到山里来。接着，释义忠传授他们先进的农耕技术，开垦荒山，建造田园，兴修水利，养牛造犁，插秧耘田；还教山民建筑村舍，男耕女织，使深山老林的山民们走出原始时代，走进铁器时代，使这里的生产得到迅速发展。

六年后，唐武宗李炎驾崩，唐宣宗李忱继位。这位皇帝与前帝相反，认为佛教对教化百姓有重大作用，对国家安定有益，于是又复兴佛教。福建官员为了邀宠，投新帝所好，便把释义忠事迹上报朝廷。宣宗大喜，颁旨敕封释义忠为“广济大师”。从此，释义忠名声大振，三平寺香火鼎盛。

唐咸通十三年（872）十一月初六，释义忠在三平寺圆寂，寿92岁。后人尊称他为“三平祖师公”，在三平寺里塑像，把他作为慈善的神来敬奉。一千多年来，三平寺一直香火不断，连海外侨胞、港澳台同胞都对广济大师顶礼膜拜，常捐款赠物，修缮庙宇。

林简言

—— 福清历史上第一位进士

林简言（810—870），字欲纳。他的出生地说法不一，一说出生在上迳，一说出生在渔溪苏田村，一说出生在龙田前林村。有史记载，他于唐大和四年（830）登进士第，是福清有史以来第一位进士。

古代，中了进士并不是马上都有官做，大多要在京城“等缺”，即等待分配。此时，所有等待分配的进士都有所活动，朝廷里有官的走“官路”，身上有钱的走“钱路”。林简言生性狷介，一直把大文豪韩愈作为自己的榜样。他只相信自己的道德文章，不屑于去走歪门邪道。连许多文人常常言不由衷的歌功颂德的文章，他也不写。林简言关心的不是自己的“官途”，而是国家大事。他发现当朝皇帝并没有注意到当时藩镇割据情势的严重，更没有去关心民众的疾苦，却一味沉湎在权贵的吹捧之中，做着太平盛世的梦。因此，他写了一篇题为《汉武封禅论》的文章，借批评汉武帝好大喜功、爱听奉承拍马的话，结果奸臣得宠、忠臣受气、百姓遭殃的史实，借古讽今，想以此给唐文宗李昂敲敲警钟。林简言的这篇文章在当时文坛引起强烈反响，文人们争相传阅。没想到，这篇文章没引起皇帝的警觉，却吓坏了那些惯于在皇帝面前阿谀奉承以求得利益的奸

臣权贵们。他们害怕皇帝从林简言的《汉武封禅论》中得到启示，从而以史为镜照出他们丑陋的嘴脸，于是千方百计想把林简言排挤出京城。他们正愁找不到一个合适的理由，忽然接到福建报告，说漳州刺史暴病死了。他们喜出望外，立马向皇帝举荐林简言前去“补缺”。皇帝见这么多大臣举荐，没有二话就准了。

林简言赴任前没有忘记家乡族人的嘱托，向皇帝打了一个报告，要求为族人减免繁重的赋税。皇帝把报告转到户部，户部又转到福建，当时福建的最高长官罗让看了户部转来的报告后很诧异，便把林简言叫来问话。他问林简言：“当年盈州徐公官为相国，只向朝廷请求减免一乡的赋税。而你只是一个州的刺史，却要求减免一族的赋税，这样合适吗？”林简言说了两个理由：一是家乡族人多以种地晒盐为业，无奈十年九旱，粮食年年歉收，连肚子都填不饱。同时盐税太重，盐贵了卖不出去又不能当饭吃，负担不起过重的赋税。二是家乡置县至今已有131年了，才出了他一个进士，足见家乡多么贫穷落后。他能有今天全仗族人栽培，为族人申请减免赋税，不仅仅是他个人给族人的一种回报，也是朝廷对热心教育，为国家培养人才的族人的一个奖赏，以利激励世人把兴学之风发扬光大。罗让听了觉得很有道理，从此便很器重林简言。

王棨

—— 十八年三试三捷的才子

王棨（846—905），字辅之，又称辅文，东门外龙山（今福清市龙山街道）人。他自唐咸通三年（862）至唐乾符六年（879）的十八年间，先后参加三次科举考试，三次都高中，但到第三次才被录用。史称“十八年内三捷，其于盛羡盖七闽，未之有也”。

王棨第一次参加进士考试是在唐懿宗李漼登基第三年，即唐咸通三年（862），少年高中，誉满八闽。因为那时全国进士及第每年不到30人，平均一个省只有一两个，而且少年得中更是凤毛麟角。古代科举考试多在春天，称“春闱”。那时候已进入唐代后叶，各级官员相当腐败，不得好处不用人。这年夏天，王棨回到家乡，前去泉州拜会廉使杜宣猷。杜宣猷很欣赏王棨的才气，又见王棨举止端庄，不但请王棨担任代理团练，还想把自己的女儿嫁给他。王棨说，他与陈中郎之女已有婚约。后来，王棨与陈氏完婚，一时间王棨又以讲信义为人们所乐道。

王棨第二次参加的是博学宏词科考试，是由泉州府举荐的。当时风俗是最重视博学宏词科考试，一旦得中就有官做。王棨写了一篇《三箭定天山赋》，深得考官冯涯的赏识，拟以第二名及第。连当时学泉州南安的文学家陈黯都专门写了一篇序，

称赞王棨为“麟之圣龙，羽之瑞凤，凤非四翼，龙非二首，所以异者，唯希出耳！”但不知什么原因，居然激怒了京兆尹，王棨的功名被宣布作废。

王棨第三次参加的也是博学宏词科考试，此时换了一个皇帝——唐僖宗李儇。这次考试是唐僖宗登基第六年，即唐乾符六年（879），王棨第三次高中。时内翰林李骘出任江西观察使，推荐王棨为团练判官。不久被调入京都任大理司直，升太常博士，最后官至水部郎中。当时唐王朝因土地高度集中，官员腐败，赋役繁重，阶级矛盾尖锐，官逼民反，王仙芝在河南揭竿起义。第二年，黄巢起兵响应，声势浩大，史称“黄巢起义”。王棨看到唐王朝江河日下，无可挽救，便离职南归，此后不再做官。

王棨辞官后，从自己应试诗文中选出45首律赋集成一卷，刊行于世。宋绍兴五年（1135），他的八代孙王苹任著作郎时，在馆阁中校对旧诗文时，得王棨省试诗21首，附刻在王棨自选的律赋之后，起名为《麟角集》。清陈寿祺通过考证，发现在《文苑英华》第59卷的《沛公父老留汉高祖赋》也是王棨所作，即将这篇也编入《麟角集》中，并改名为《王郎中集》。

翁承赞

—— 倡导“四门学”的开闽宰辅

翁承赞（859—932），字文尧，亦作文饶，号狎鸥翁，又号螺江钓翁，文秀乡光贤里漆林（今新厝镇漆林村）人。他33岁才赴京参加会试，结果落榜不第。但他没有气馁，留在长安继续复习功课。因为当时每4年才会试一次，所以翁承赞在长安一待就是4年，这期间他拜名师、访名人，学业大进，遂于唐乾宁三年（896）再次应考，殿试中了第四名进士，因为该榜第二名因故空缺，第三名补第二名，第四名补第三名。所以翁承赞实际上是中了探花。第二年，他又中博学宏词科，授陕西周至县县令。此后历任京参军、秘书郎、右拾遗等职。

唐天佑元年（904），昭宗听说威武节度使王审知把八闽治理得非常好，担心他有野心，对外扩张，对中央王朝构成威胁，便封王审知为琅琊王，以此来安抚并束缚他。册封时派哪个官员去宣旨，昭宗设想了几个人选但都觉得不适合。最后他想到右拾遗翁承赞是闽中福唐县人，能体现皇帝的诚意，而且官职相当，决定让翁承赞前去。其实，王审知从来就没有扩大疆土的想法，他只想一心一意把八闽治理好，让人民过上好生活，为让朝廷放心，所以很乐意接受册封。王审知十分欣赏翁承赞

的才华，一再挽留翁承赞协助他治理八闽。但翁承赞没有接受，认为现在的皇帝对他还不错，而且唐末朝廷遇到很多麻烦，这样不辞而别显得不仁义。于是，他在福州只停留了几天，就回长安复命去了。因为翁承赞奉使有功，朝廷赐其乡名“文秀”，里名“光贤”，堂名“昼锦”，以示恩宠。因此，新厝古称文秀乡光贤里。

翁承赞回到长安仅仅三年，唐朝就灭亡了。907 年，朱温逼唐朝的末代皇帝哀帝“禅让”，自己做了皇帝，改国号为“梁”。朱温也看上了翁承赞的才华，不仅留下翁承赞，还提升了他的官职。此时，王审知为了闽中政局安定，给八闽人民创造一个安居乐业的环境，主动向朱温打报告，表示愿意归顺梁。朱温很高兴，派翁承赞二度到福州，封王审知为闽王。王审知再次挽留翁承赞。翁承赞这次回福州，看到王审知对八闽的励精图治，身为一方之王，生活却十分节俭，穿戴也不奢华；重视人才选拔，实行轻刑薄赋，养民生息，确实是一位明君。但他没有留下来，考虑到如果自己不回去复命，新皇帝会怀疑闽王不是诚心归顺他，这样对八闽人民不利。翁承赞回到长安后，朱温又要给他提官，他没有接受，以年事已高，叶落归根心切为由，辞去官职回到福州。王审知大喜，即封翁承赞为闽国同平章事，即宰相，后又封他为晋国公。

翁承赞为相后，全心全意辅佐王审知，大力推动取消闽江流域的所有关卡，使山区和沿海的物资得到交流，并在黄岐岛开辟对外贸易港；倡导在福州设立高等学府，同时州有州学，县有县学，并在乡村设私塾，推动和发展了八闽教育事业。

陈金凤

—— 闽中第一位女词人

陈金凤（893—935），万安乡（今上迳镇）人。民间称她为“万安娘娘”，史载她是闽中第一位女词人。

后梁开平四年（910），王审知被后梁皇帝朱晃册封为闽王的第二年，陈金凤18岁，由于才华和美貌，被选入宫，甚得王审知的喜爱，封为才女。但陈金凤并没有沉醉在闽王的恩宠之中，而想起家乡十年九旱，深受缺水之苦，便请求闽王大兴水利。正好王审知也有这个打算，便采纳了陈金凤的建言，先后扩建了福州西湖，把原来周围20里的湖面扩展到40里，使闽县和侯官两县的农田得到灌溉；在福清修筑了海堤，不仅可以防潮护田，还可以拦截内河灌溉农田数千亩。

后唐同光二年（924），王审知病逝。陈金凤要求放她出宫削发为尼，没有被准允。第二年，王审知次子王延钧（又名王辚）弑兄夺取王位。此时王延钧的原配汉王清远公主已逝，他便要续娶陈金凤。这一年，陈金凤已33岁。尽管陈金凤一百个不愿意，但封建时代女子的命运掌握在男人手上，尤其在宫中更是身不由己，连轻生的权利都被剥夺了。王延钧续娶陈金凤后，先是立她为淑妃。后唐长兴四年（933），王延钧称帝。两年后（935）的二月，王延

钧立陈金凤为皇后，并专门为她建了长春宫。同年十月，李倣造反，王延钧被杀，陈金凤同时遇害。陈金凤虽然只做了八个月皇后，荣华富贵不过昙花一现，但她的诗词却流传千古。

陈金凤留存下来的诗词仅《渔歌子·乐游曲》两首，其中第一首被收入《中国女子诗词选》。这两首词填于王延钧称帝那一年（933）。那一年的端午节，王延钧为庆祝登上龙位，在福州西湖建造彩舫（龙舟）数十艘，每艘载宫女20余人，一律穿短衣，鼓桨争先，即举办女子龙舟赛。陈金凤为了使龙舟赛更加热闹、更有气氛，便填了两首词《渔歌子·乐游曲》：第一首为“龙舟摇曳东又东，采莲湖上红又红。波淡淡，水溶溶，奴隔荷花路不通”。第二首为“西湖南湖斗彩舟，青蒲紫蓼满中州。波渺渺，水悠悠，长奉君王百岁游”。

此后，王延钧命各乡每年端午节赛龙舟都要唱这支曲子。以致民间把举办龙舟赛时唱这支曲子以醵（凑）钱称之为“采莲”。因此，《渔歌子·乐游曲》又叫《采莲歌》。《渔歌子·乐游曲》之所以得以留存，正是得益于民间传唱。

宋代

了悟

——宁德支提寺开山祖师

了悟（？—989），讳清耸，俗姓郑，福建福清人氏。相传其母梦见自己吞下一颗宝石，得孕后生下了悟。小了悟自幼不同于凡童，言语神异，十几岁时就天天吵着要出家，家人拗不过他，便依着他到福州怡山长庆寺拜慧棱禅师剃度受具足戒，成了一名小沙弥。后来他又拜谒法眼文益禅师。初参法眼时，刚好遇到天下雨，法眼指着雨道："滴滴落在上座眼里。"了悟起初还不明白法眼此话的要旨。后来因为批读《华严经》才有了感悟，得到法眼的认可，正式成了他的法嗣。后来他又到明州（今浙江省宁波市）四明山结庐修法。当时节度使钱亿十分仰慕了悟，执弟子礼拜他为师。吴越王钱俶也听人常提及了悟的法德，便命了悟到临安（今浙江省杭州市）开堂讲法，后来又让了悟长期居位灵隐寺。

北宋开宝三年（970）吴越王钱俶读《华严经》中"不到支提不为僧"一句，请了许多高僧询问支提的去处，众僧没有一个能答上。于是便又让人请来了悟，了悟答曰："臣少游闽，至第一洞天，父老相传山有菩萨止住，时现天灯照耀，宝磬鸣空，知是天冠说法地也。"王钱俶遂委遣相国沈伦同了悟一起入闽觅圣。相传二人初到，

夜宿小支寺，闻远处传来隐隐约约的钟声，时大时小，时近时远，便知有异。第二天，循着钟声传来的方向伐木斩荆而进，走到半山腰，看见有一只白猿在不远处出现，把他们引向深山。第三天黄昏时节，一行人走到一条溪涧边，忽然间那只引路白猿不见踪影，溪对面的林木间却出现一座高大巍峨的寺宇，大门的匾额上大书“化成之寺”。走进一看，寺内殿阁峥嵘，有僧众一千多人，当晚他们就留宿在寺内。次日早晨醒来时竟然发现哪有什么寺院，所有人都躺卧在荒草灌木丛中过夜。大家都觉得此际遇十分灵异，便将此事上报给王钱俶。王钱俶也感到奇异，以为是佛祖显灵点化他，于是便从国库中拨出公帑，在化成之寺处建寺。并铸造天冠菩萨铁圣像一千尊，命人用船运到支提新的寺院里供奉，同时敕命了悟为首任住持，就这样，支提山便有了支提寺，了悟也成了支提寺开山始祖。了悟主持支提寺不久便返回灵隐寺，于北宋端拱二年（989圆寂，法嗣八人：临安功臣道慈、秀州罗汉愿昭、处州报恩师智、衢州谷宁可先、临安瑞龙希圆、临安保清遇宁、临安光孝道端和福州支提辩隆。其中辩隆在了悟返回灵隐寺后继主法席，成为支提寺第二任住持。

林高、林概、林希、林邵、林旦、林颜、林开、林桀

——一门三代八进士

林高（生卒年月不详，约生活于北宋初年），字子羽，西溪（今西门外茶亭附近）人。年盖弱冠，才从师学习《四书》《五经》与《韩文》，领会很快，并勤于写作，出仕前就有各种著作数十卷。北宋大中祥符八年（1015）登进士第，授广西钦州（今广西钦州市）推官。但他看到父母年事已高，便未赴任，在家赡养父母二十多年，直到为父母守制期满，才出任建平（今辽宁省建平县）知县。建平县地穷，盗贼横行，百姓多受其扰。林高生性慈惠，一方面简政以养民，一方面重教以化民。不过几年，盗匪绝迹，监狱里没有一个囚犯。因此被升任秘书丞，又改任屯田员外郎，年老辞官返乡，终年69岁。被追赠太师，加封吴国公。

林概，字端甫，林高的儿子。登北宋景佑元年（1034）进士，礼部考试第一名，随即以秘书省校书郎的身份出任长兴（今浙江省湖州市长兴县）知县。恰逢荒年，百姓饥寒交迫，他首先捐出自己的俸禄赈济，又动员士绅豪门捐粮数千石，让全县灾民度过饥荒。被升任连州（今广东省连州市）知州。北宋康定初年，林概几次上书，建议恢复唐代兵制，敛民为兵，兵民合一。并且允许私人养马，以节省国家供养兵马

的费用。被改任淮安军（今江苏省淮安市）。那时又逢四川大灾年，又上书陈述救灾良策。因为建议很符合实际，且具有可操作性，所以被采纳。最后，官拜太常博士、集贤殿校理。著有《史论》百篇、《辨国语》四十篇。

林希，字子中，林高之孙、林概之子，登北宋嘉祐二年（1057）进士，官资政殿学士、枢密院同知。

林邵，字才中，林高之孙、林概之子，登北宋嘉祐四年（1059）进士，官宝文殿直学士、金紫光禄大夫，谥正肃。

林旦，字次中，林高之孙、林概之子，登北宋嘉祐二年（1057）进士，北宋熙宁年间（1068—1077）由著作佐郎历监察御史里行，复拜殿中侍御史。在任时兢兢业业，直言忠谏，曾先后书论章惇、蔡确、吕惠卿、邓绾、崔台符和贾种民等一批结党营私的高官，又弹劾王中正、石得一、翟勍等人。后出任淮南（今安徽省淮南市）转运副使，历右司郎中秘书少卿、太仆卿，最后在河东转运使任上致仕归乡。

林颜，字仲和，林高之孙、林概之子，登北宋嘉祐四年（1059）进士，官少府少卿。

林开，字道甫，林高之孙、林概之侄，登北宋嘉祐二年（1057）进士，官校书郎。

林棐，字信甫，林高之孙、林概之侄，登北宋嘉祐二年（1057）进士，官通奉大夫。

蔡伯俙

—— 四岁的御赐进士

蔡伯俙（1013—1100），字景蕃，南隅人（一说是海口镇人）。4 岁参加童子试，宋真宗赵恒赐他进士出身,史称“北宋神童”。

北宋大中祥符六年（1013），蔡伯俙出世。北宋大中祥符九年（1016），蔡伯俙 4 岁，实则 3 周岁。这一年，他的邻居有一个举人，为他父亲六十大寿写了一篇祝寿辞，每天早上起来朗声背诵，一连三个早上，举人还不能完完整整地背下祝寿辞，而在隔壁听了三个早上的蔡伯俙却能一字不漏地背下举人写的祝寿辞，这使举人十分惊讶，心想：这孩子过耳不忘，必定是一位神童。所以举人向蔡伯俙父亲建议，无论如何要让蔡伯俙参加童子试。

这一年真宗诏告天下，要在次年的立春日在京城开封举行童子试。举人得到这个消息，已是当年八月了。福清离河南开封几千里，所以早早催蔡伯俙的父亲带儿子进京赴试。蔡伯俙家世代务农，一年收成仅够全家不饿，只能借了些许盘缠启程，这些钱仅够吃饭、住宿，不够买马，也雇不起轿夫，所以只好由他父亲背着他，一路跋山涉水，晓行夜宿，走了近两个月，才到达京城开封。

古时候的童子试，不是考儿童能识多少字，而是考儿童的记忆力，看谁能在最短的时间背下考官念过的文章或诗词。当时，参加童子试的儿童不到20位。最后，只有蔡伯俙一人被选参加殿试，即到金銮殿接受皇帝面试。蔡伯俙当殿背诵了“御制诗”，真宗龙颜大悦。他认为，盛世才能出神童。因此，真宗当殿赐蔡伯俙进士，成为历史上年纪最小的进士，封为秘书省正字并赋诗一首赞扬蔡伯俙：“七闽山水多灵秀，四岁奇童出盛时。家世应传青白训，婴孩自有老成资。才当学步来朝谒，方渐能言便赋诗。更励孜孜图进益，青云万里有前期。”真宗还把蔡伯俙留在宫中陪太子赵祯读书，称“东宫太子伴读”，太子赵祯就是后来继位的宋仁宗。

一天，蔡伯俙和太子在宫苑学习绘画，蔡伯俙画了一幅农民种地的画。刚好真宗来看望，看了蔡伯俙画的农民个个“蒿目菜色”，便问他为何把人画成这样。蔡伯俙说，小臣的家乡是贫穷之处，民众个个都是这个样子。真宗听后感叹良久。

后来蔡伯俙在仁宗在位时任管农业的“司农卿”，并在这个任上做了65年，83岁才离职回到家乡。4年后逝世，享年87岁。

郑侠

—— 拿头作押为民请命的北宋重臣

郑侠（1041—1119），字介夫，自号“一拂居士”，又号“大庆居士”，融城西塘人。他只是九品芝麻官，其传略却载入国史。他读过书的南京清凉寺在南宋景定年间（1260—1264）修成“一拂祠”。明万历年间，叶向高担任南京礼部尚书时在《重修一拂先生祠记》中说：“夫金陵（南京）自六代来寄迹者不知其几，皆湮没无闻，而先生读书一片地，经五六百年，草木犹香，庙祀勿绝。”其间，在他的郑侠忌日，八闽还举行过公祭，历史上省府为已逝五六百年的官员举行公祭仅此一例。在家乡，县城县衙前的一条街被命名为“一拂街”，曾在他的故居附近立有“郑公坊”，西门今西园小学内还建有“一拂祠”。如今，中国社会科学研究院历史研究所的学者们称郑侠是“北宋重臣”。这是为什么呢？

郑侠24岁随父亲郑翚到江宁（今南京市）读书。他父亲时任江宁酒税监，即税务官。按说他也算个“官二代”，但他不居闹市，一人到市郊清凉寺里读书。当时王安石知江宁府，知道了这件事很感动，便叫自己的学生杨骥前去伴读。郑侠很受鼓舞，两年后即北宋治平四年（1067）中了进士。又过了两年，新皇帝宋神宗为了改变国家积弱积贫的困境，采纳王安石推

行新法的主张，并提拔他为相。也是这一年，王安石向皇帝举荐郑侠出任河南光州（今固始县）司法参军（相当于当今一个地区的检察长，官阶仅九品）。郑侠在任三年，在恩师王安石的支持下，平反了不少冤案，被群众誉为“大青天”。但他依然生活简朴，他说：“于国无功，于民无利，华衣美食，与盗何异？”他把贪官与盗贼相提并论，成为当时流行的佳话。

宋代的官吏制度实行异地任期制。郑侠在光州任职三年期满进京复命，王安石本拟留他在相府推行新法，升为四品京官。但他却发现“法不便民”。历史上每一次变革都意味着利益再分配，王安石推行的新法触犯了大官僚们的利益。比如“青苗法”，在青黄不接的时候，由国家借粮给农民，到庄稼收成的时候，农民加两成息还给国家。这样既便于农民度荒，又增加了国家收入，一举两得。但是，这样一来，却剥夺了官僚们放高利贷的机会，而新法又是皇帝下旨颁行的，他们不敢反对，于是就暗中来个“堤外损失堤内补”，层层加息，最高利加五成，甚至有地方“实不出本，勒民出息”。导致新法不但不便民，还祸害民众。于是王安石踌躇满志写下一首《何时难忘酒》的五言诗：“何时难忘酒？君臣会遇时。高堂拱尧舜，密席坐高夔。和气袭万物，欢声连四夷。此时无一盏，真负鹿鸣诗。”而郑侠却把在基层发现的弊端写了一首反诗《何处难缄口》：

“何处难缄口，熙宁失政中。四方三面战，十室九家空。见佞眸似水，闻忠耳似聋。君门深万叠，焉能此言通。”结果，在奸臣吕惠卿和蔡京的教唆下，郑侠被贬到京城安上门当一名没品的看门官。王安石后来曾先后派其子王滂和侄女婿黎东美前去动员郑侠到相府为官。黎东美说：“丞相致意，凡入仕，且要改得一京官，然后可别图差遣，何得介僻如此。”郑侠说：“侠本欲执经丞相门下，不意丞相一旦挡路，发言无非以官爵为先。果欲援侠而就之，区区所献有利民物之事，行其一二，使侠进而无愧。”婉言推辞。

北宋熙宁六年（1073）六月，蝗虫成灾；七月起，又大旱九个月无雨，赤野千里，五谷绝收；加上各地方官催逼青苗贷粮本息，还不上的“伐桑撤屋，卖妻鬻子”的都有，无数饥民逃荒，大批涌进京城。郑侠在安上门目睹惨状，决心为民请命。于是画《流民图》，写《上流民图疏》，请求朝廷罢新法，开仓放粮救灾。为了取信于皇帝，在奏疏里声称，皇帝一旦采纳他的奏言，必感动天庭，十日内必降喜雨，若不下雨，就砍他的头挂在宣德门上示众，以正欺君之罪。很显然，郑侠不是天文学家，怎么可能保证十天内有雨！他分明是把头押在皇帝那里，为民请命。他是抱着死了他一人，拯救万万民的决心。可是，奏疏送到中书省（中央行政机构）未被接纳。势迫无奈，郑侠只好利用看守安上门

之便，把奏疏假称兵报，直递皇帝必阅的银台司。神宗连夜观图览书，“长叹数四，竟夕不寝”，第二天就下诏罢新法，放粮救济灾民。这件事不但万众感动，也感动了老天，皇帝放粮救灾的第三天就下了大雨。

郑侠虽然没有被砍头，但他假称兵报却犯下了“擅发马递罪”，于是拜疏自劾，被发配英州（今广州市）。于是便有了一个传说，说的是时为京都知府的蔡京，以小人之心度君子之腹，以为郑侠如此为百姓卖命，一定拿了百姓不少好处，要检查郑侠的行李。结果，郑侠的行李除了日常用的衣物和书外，只有一把拂尘。郑侠说：“我一身干净，靠的就是这把拂尘经常拂拭。”接着，郑侠举起拂尘在蔡京身上一拂，意味深长地说：“蔡大人身上积尘太厚，一时半会拂不净了。”蔡京狼狈不堪，掩面而去。郑侠的这一举动诠释了廉政文化的核心思想：爱民自廉政，廉政必爱民。

郑侠一生没有当过大官，但却成为千秋万代受人敬仰的先贤。明代内阁首辅叶向高为一拂祠题了一联，概括了郑侠为官的功绩与清廉。联曰：“谏草累千言，终信丹青能悟主；归装惟一拂，始知琴鹤也妨人。”清乾隆《福清县志》论曰：“郑公一监门吏耳，《流民》一书，几挽宋室之祸。当日政府大僚，曾有悬直如公者乎？然则公之秩虽卑，其忠诚之概，直可与韩、富辈比烈也。允堪仪型百世！”

刘诜

—— 北宋制定“大晟乐”的著名音乐家

刘诜（生卒年月不详，约生活于北宋中晚期），字应伯，化北里（今三山镇）人。北宋著名音乐家，是通行全国之“大晟乐”制定的主持人。

北宋熙宁十年（1077），刘诜登进士第，先是授莆田县（今福建省莆田市）主簿，后调任庐江（今安徽省庐江县）知县。北宋崇宁元年（1102），宋徽宗觉得国家乐制不够协调统一，所以在宫中设置讲议司，广泛招聘全国精通音乐的人才。刘诜精通音律，被徽宗召入宫中，出任讲议检讨官，主持研讨国家乐制改革。

二年后，刘诜主持的讲议司取得阶段性成果，晋升为大理寺丞。又四年，刘诜献上《历代雅乐正革》和《宋制作之音》两篇文章，对历代雅乐的沿革、发展，作了详细的论述，并对宋代音律制作提出方案。他上言：“《周官》大司乐，禁淫声慢声，盖孔子所谓放郑声者。今燕乐之音，失于高急，曲调之诗，至于鄙俚，恐不足以召和气。”主张把燕乐（雅乐之外宫廷俗乐的总称。沈括《梦溪笔谈·乐律》称：“以先王之乐为雅乐，前世新声为清乐，合胡部者为燕乐。”）和徵调融合起来，

创制出“致正中和”的正徵调。这个主张正合徽宗心意，徽宗大喜，赐名“大晟乐”，并设置“大晟府”，任命刘诜为“大晟府”乐典，负责乐制改革推广。不久，徽宗让人从皇宫仓库中找出古钟两口，叫来刘诜，刘诜一看就说：“此与今太簇大吕声协。”拿来一敲，果真如刘诜所言。刘诜又说：“钟声之无余音，不如石声。《诗经》曰：‘依我磬声，言其清而定也。’”按刘诜的建议再拿磬来一和，比原来更加和谐。徽宗十分高兴，升刘诜为宗正鸿胪，后又升为太常寺少卿。还特别设置一个统理全国音乐改革和推广的机构——礼制局。

北宋政和四年（1117），徽宗将“大晟乐”定为国家正统音乐，下旨颁行天下。后人把“大晟乐”称为中国音乐史上的一项重大成果。

刘诜除了主持乐制改革外，还著有《续因革礼制》《钟吕解》等10卷著作，是宋代最知名的音乐家。

林抟

—— 隐居山林的北宋著名演奏家

林抟（生卒年月不详，约生活在宋徽宗时期），字图南（又说字冲南），号九峰公，出生地无可考，成年后长期居住于清源里（今东张镇）灵石山。早年经地方推举，林抟入太学读书，为太学生。北宋政和五年（1115）参加特科考试得中，官授楚州（今江苏省淮安市）参军。但他自小执迷诗赋、鼓乐、丝弦，对做官没有兴趣，居然不去上任，退隐福清，在灵石山九叠峰下建了草庵，潜心钻研他钟爱的音律。

林抟虽早年在音乐方面就已成名，但仍然虚心求教。他听说汴京有一个姓皇甫的道士精于音律，便不远千里前往拜访。但皇甫道士生性孤僻，从不收徒，也极少会客，连奏琴也常常一个人关起门来自弹自赏。林抟到了皇甫道士的道观门口，见门上写着“事烦食少，闭门谢客”八字，便再三恳求拜见，没有结果，只好怏怏不乐地启程回闽。途经余杭时，林抟听人说皇甫道士逝世，心中十分悲伤，恸哭不已，痛呼：“此音绝矣！”随后又不顾千里路途的遥远急返汴京，前去吊唁皇甫道士。林抟一到道观门口，就哭拜在地，涕泪纵横，甚至哭得呕了血。其实皇甫道士未死，今见林抟求师心诚，就破例收为门徒，传授琴法音律，林抟自此进步很快。

林抟天性豪爽飘逸，有人求见，就请客人奏琴听乐，如遇到知音，必定为他鼓琴瑟。当时太常寺少卿刘诜也是福清人，早就赏识林抟的音乐才华，特地向宋徽宗举荐。徽宗三次下旨，林抟才应召入宫。林抟席奏《悲风》一曲，音调哀伤、凄婉。徽宗不高兴，以为太平盛世不应有此“悲风”，便把《悲风》改名《碎玉》。林抟奏《悲风》有两层用意，一是把自己赴京途中所见的官员腐败、民生凋敝、国运衰微的情景用琴曲传达给皇帝，令其惊悟；二是想让皇帝能赏识他的音乐才华，以期能为国家做点事。没想到还是知音难遇，他的两项愿景竟无一实现，便满怀愤懑返乡，仍在灵石山九叠峰下隐居，研究他挚爱的音乐，还常常聚友吟诗，过着世外桃源般的生活。林抟临终前还把九叠峰下的土地捐给灵石寺扩建寺院。70 岁那年林抟无疾趺坐而逝，身后留有《琴谱》三卷、《诗集》三卷，皆流行于世。明代刑部主事邑人郭万程评阅曰：宋徽宗机巧多技艺，修礼乐，为弥文，穷极淫乐，佳兵乐祸，天变民怨。图南鼓《悲风》，意深远矣！

王苹

—— 程颐的得意门生

王苹（1081—1153），字信伯，又名伯起子，刹上（今龙山县）人。他少年随父迁居平江，听说理学家程颐在涪州（今重庆市涪陵）、洛阳（今河南省洛阳市）一带讲学，便去拜程颐为师，后来成了程颐的得意门生。

北宋靖康元年（1126）冬，金军攻破北宋首都东京（今河南省开封市），第二年四月撤军北归，掳走宋徽宗、宋钦宗父子和后妃、王公大臣、技艺工匠等数千人，以及金银财宝、皇家藏书、子女玉帛无数，北宋就此灭亡。王爷赵构当时不在京都，躲过此劫，回到开封登基称帝，史称宋高宗，建立了南宋。南宋绍兴四年（1134年）十月，高宗赵构率军驻守平江（今江苏省苏州市），守臣孙祐向丞相赵升推荐王苹，理由是王苹是程颐的得意门生。赵升认为程颐的得意门生一定是高才，便推荐给高宗。当时南宋刚刚建立，人才匮乏，又受金兵挟制，还有辽、元大兵压境，无心通过科举考试选拔人才。所以高宗采取一步到位的办法，直接面试录用。高宗召见王苹，听王苹对政事的见解。王苹主张：一是在重大决策上“谋合众”，即避免“一言堂”；二是在用人上“不蔽于好恶”，即不拘一格降人才。高宗赏识王苹的见解，

当场赐王苹进士出身，出任右迪功郎，加秘书省正字兼史馆校勘。后来，王苹奉旨上书，在陈述退金兵利害关系的谏议中，主张国家兴旺不能光治标，要重治本。治本有三：一正心诚意，二辨君子小人，三剔除朋党积习。高宗赞曰：王苹虽出身草庐，其议论谏上却像长期在朝廷当官的人一样，确实是一个大儒啊！接着，高宗下诏王苹参与编撰《神宗实录》，书成后改任右承奉郎，升著作郎。

王苹当了一段时间的右承奉郎和著作郎之后，发现此类乃是文学侍臣，只能议议政事，提提看法，无法实现自己治国兴邦的大志，上疏要求出任地方官。高宗准其奏，派他出任常州通判，主管台州崇道观。没多久其子王谊写了一篇讽刺时任宰相的投降派秦桧的文章《罢相对》，被捕下狱，王苹受株连被革职。直到秦桧死后，王谊才被赦，王苹官复原职，最后官至左承奉郎。

王苹一生著作甚丰，多是理学专著和儒家典籍评注。今存有《周易传》《论语集解》和《著作集》等著作。

黄祖舜

—— 敢与秦桧抗争的副相

黄祖舜（？—1165），字继道，平南里（今东瀚镇）大埌村人。他于北宋宣和六年（1124）登进士第，直到南宋绍兴初年才被派到衢州任教授。不久得到宋高宗召见，改任守军器械丞。南宋绍兴六年（1136年）迁屯田员外郎，第二年转任兵部员外郎又改吏部任职。他儒学造诣很深，其中《论语讲义》很受皇帝青睐，命有关部门出版发行。他不但文章写得好，还好发议论，不管多大的官，说的没道理他都要驳斥。

北宋靖康元年（1126）冬，金兵攻破北宋首都东京（今河南省开封市），大肆烧杀抢掠，繁华的东京化为焦土。第二年四月，金兵北归，掳走宋徽宗、宋钦宗父子及后妃、王公大臣、技艺工匠等数千人，其中就包括臭名昭著的卖国贼、大奸臣秦桧。当时，秦桧官拜御史中丞。他第一个投降金邦，后被遣送回南宋任宰相。为了达到投降金邦的目的，他以莫须有罪名杀害抗金名将岳飞，与金签订了“绍兴和约”，向金称臣纳币。

但是，对于这样一个权倾朝野大的奸臣，黄祖舜却敢于与他抗争，而且有理有节，每每使秦桧难酬其奸。自然，秦桧就把黄祖舜看作眼中钉，总是在高宗面前打

小报告，说黄祖舜的坏话，陷害黄祖舜。幸好高宗欣赏黄祖舜的刚直与才华，但又不敢抹秦桧的面子，只好把黄祖舜调出京城，主管江南地区宗院（宗院，后代又称“宗人府”，是管理皇族事务的机构）事务。

那时的泉州太守赵令衿也是一名耿直之士，因为不与秦桧同流合污，秦桧就诬陷他贪污，责令兴化军知事傅自得拿赵令衿问罪。傅自得明知赵令衿是一个清官，根本没有贪污，但案子是秦桧亲自过问的，不问罪又怕秦桧报复，一时左右为难，无以为措。有人建议他去请示黄祖舜，他果真去了。黄祖舜告诉他，办案要以事实为依据，不能凭官大说了算。傅自得照着黄祖舜说的去做，以查无实证为由，没有治赵令衿的罪。秦桧知道了，也没敢对黄祖舜怎么样。因为他心里明白，他在皇帝面前说了黄祖舜那么多坏话，换成别人，不被杀头也早被流放边疆，而黄祖舜只是外放，官照样做，说明皇帝还是挺欣赏黄祖舜的。

秦桧死后，皇帝想起用黄祖舜，于是黄祖舜被召回京城，两年后升为副相。南宋绍兴三十一年(1161),秦桧的儿子秦熺也死了。高宗想赐他“太傅”衔，以表恩泽。黄祖舜对皇帝说，这样做不妥。理由是“秦桧擅作威福，残害忠良，其子熺实与谋议，今乃赠以太傅之秩，遗表恩泽，宠命横加，殊骇物听”。意思是秦熺与其父秦桧做了许多坏事，皇帝如果对他加以褒奖，岂不是让天下百姓觉得皇上忠奸不辨，善恶不分，因此寒心。皇帝觉得有道理，于是收回成命。

南宋乾道元年（1165），黄祖舜病逝，孝宗追封他为银青光禄大夫，谥“庄定”，意称他生前处事严正、立场坚定。

林栗

—— 深得信任的御赠少师

林栗（生卒年月不详，约生活在南北宋交替前后），字黄中，亦字宽夫，融城人。少年即“以圣贤自期”“笃志好学，留心经术”，参加国子监考试得第一名。南宋绍兴十二年（1142）中进士，因在对策论文中有议论秦桧的地方，被列为下第，埋没在底层做小吏19年。南宋孝宗即位后，林栗才被起用，任屯田员外郎兼皇子恭王府直讲。

当时孝宗鉴于前帝南宋绍兴年间权臣为患的教训，曾考虑把大权收回，亲自处理政事。孝宗与林栗讨论自己的想法时，林栗分析了集大权于一人的种种弊端，劝孝宗广开言路，信任臣下。孝宗认为林栗说的有道理，采纳了林栗的建议，放弃了之前的想法。权臣们发现，皇帝和林栗走得很亲近，都怕自己被冷落，于是聚集在一起密谋把林栗赶出了京城出任江州知州。后来又改任吏部员外郎兼皇子庆王府直讲。不久改任右司员外郎、太常寺少卿。那时刚好湖州年年水患，孝宗派林栗出任湖州知州。林栗临走时对孝宗说：今天下大势，元气虽存，邪气尤盛。希望孝宗以社稷为重，不要听信谗言。结果仅一年时间，权臣们就以林栗治理湖州水患不力，奏请孝宗把林栗解职。

林栗在京为官时，曾听说占城（今越南）地方有耐旱的水稻品种，想起家乡福清十年九旱，水稻常常因缺水歉收，就建议宋真宗向占城要求进贡稻种。占城果然送来一批耐旱的水稻良种——占城稻，林栗就把其中10石稻种发给福建，其中也分给福清一些。这种耐旱的占城稻便在此后数百年间成为福清水稻当家品种，俗称“黄占”。

林栗在家赋闲八载，才被起用，累官秘阅修撰、直宝文阁、荆南路安抚，直至兵部侍郎（兵部副长官，从二品）。林栗逝世后，皇帝赠少师，谥“简肃”。

林栗与朱熹同时代，但学术观点有所不同，林栗的观点具有朴素的唯物主义。他一生著作甚多，著有《春秋经传集解》30卷、《论语知心》10卷、《林黄中奏议》5卷、《简肃集》30卷，皆散失。尚存《周易经传集解》36卷，录入清乾隆编纂的《四库全书》。民国时期选入《四库全书珍本初集》，由商务印书馆刊印。

黄洽

——皇帝称誉“良金美玉”的副相

黄洽（1122—1200），字德润，幼年时就随父亲移居北宋京城开封。南宋隆兴元年（1163），黄洽以太学生身份参加礼部考试，取得第二名。因为这一年皇帝启用新的年号，所以这一科免去殿试，直接赐黄洽榜眼，授观察判官。任期满后，黄洽拜会丞相陈俊卿，陈俊卿很欣赏黄洽的才干，极力向孝宗推荐，所以黄洽得到重用，且官途一帆风顺，历任太常丞、秘书郎、由正言、侍御史、御史中丞、参知政事（副相）。任职期间，他写过大量奏章，有《奏议杂著》85卷。同僚们评价他：“质直端重，得大臣体。”即为官中直、庄重，有大臣风范。皇帝称赞他是“良金美玉”，寓意金子一样的心，美玉一样的品格。他为什么会得到皇帝和同僚这样高的评价呢？有两个例子可以说明他得到上述评价是名副其实。

其一，黄洽当上副相后，很多官员想巴结他，苦于没有机会。于是许多官员都搜肠刮肚寻找机会。有的看见黄洽还住在祖上留下的老宅里，就建议他建豪华的相府，对他说：“以您的官位，钱不是问题，只要您说句话，一切由我们来操办。”黄洽回答说：“读书做官志在报效国家，怎么可以谋一己私利！”也有的建议他多做

功德道场为自己祈福。黄沿回答说：“作为一个正人君子，在家里不欺骗亲人，为官不欺骗皇帝，仰头不欺骗上苍，低头不欺骗百姓，阴间不欺骗鬼神，这就是最大的功德，何用做什么道场！”

其二，有一年，许多地方发生自然灾害，皇帝下旨设坛祭祀，祈求上苍为百姓消灾。黄洽上奏说：“祭祀消灾只是寄托皇上爱民的一种愿望，对眼前身陷水深火热之中的黎民百姓来说没有实际意义。当务之急，皇上应当做一些实际的事情，近的先开仓放粮，解决百姓的饥饿问题；远的要抓紧治本，鼓励百姓兴修水利，抵御自然灾害。”皇帝觉得有道理，采纳了黄洽的主张。

陈恪

—— 同流不合污、力保善类的贤臣

陈恪（生卒年月不详，约生活在宋孝宗、宋宁宗时期），字景思，西塘（今玉屏街道西塘）人。官户部籍田令，封朝请大夫。

在宋孝宗在位时，陈恪和朝臣韩侂胄结为儿女亲家。宋宁宗登基后，任用老师韩侂胄为宰相。此时韩侂胄结党营私，排斥、打击异己。他用禁伪学的名义，打击赵汝愚，并波及与赵汝愚平素相近的其他朝臣，搅得京城一时人心惶惶。此时，陈恪不但没有以姻亲身份与韩侂胄合污，相反的，还利用自己的特殊身份从中排解，使韩侂胄的行为有所收敛。在他的极力庇

护下，赵汝愚复任资政殿学士，他的弟子徐谊等11人也都官复原职。南宋庆元三年（1197），朱熹已被罢职一年多了，周必大和留正也被贬致仕。陈恪通过各方面疏通，最后宁宗颁诏让朱熹以天章待制的身份退休，周必大官复少傅，留正官复少保。

这些事后来都被朱熹及其门人赵师渊收进《资治通鉴纲目》里。历史上许多人对陈恪的这种作为极力称道，说："景思当姻戚薰焰町，不为所染，且于伪学之祸，能一言匡挽之，是不独有以保善类，而其为功于正堂者实多矣，宜其令名不朽云。"

黄定

—— 边农边读的四十二岁状元

黄定（1130—1198），字泰之，永福里龙仕乡（今一都镇一都村）人。他只念了三年私塾就辍学了，因为他是家里的老大，弟妹年纪还小，家里需要他参加农业劳动，帮父亲一起挑起养家的担子。但他没有放弃读书报效国家的梦，利用晚上和农闲读书不止，二十几年如一日。南宋乾道八年（1172），黄定42岁，弟妹们都成家立业了，刚好会试开考，他就去了。很多人都不看好他，用现代的话说，小学还没毕业去考大学，简直是异想天开。结果出人意料，他不但会试金榜题名，而且在殿试中，经皇帝、皇后、主考官和相国评议，钦定为状元。理由是，当年的考题"论国策"，黄定在考卷中提出的内修朝政、外抗金兵、保境安民的国策，立论严肃，论据坚实，堪称治国良策。当殿授黄定国子监祭酒（公卿、大夫子弟的学校—— 国子太学的主官，从四品）。

不久，黄定被派往广东潮州担任知州，后升为广东提举（比知州大两级）。因为他在任期间，革除弊政，抑制豪强，为民解困，政绩卓著，所以得到民众的拥戴。他离任时，城里万人空巷，百姓举着万民伞相送。后来，潮州人民还为他建祠纪念，称作“贤守祠”。

有一个传说与史实相去甚远，但在民间，人们似乎更愿意传诵这个口口相传、不断加以丰富的故事，题为“金头银项状元郎”。说的是黄定中状元后，皇帝喜欢他的才貌，当殿决定招为驸马，官封七省巡按，赐尚方宝剑，先斩后奏。黄定在湖广巡狩时，发现太师之子在地方横行霸道，为非作歹，欺压百姓。黄定经过调查取证，掌握了确凿证据，把太师之子就地正法，为民除害，当地群众无不拍手称快。但是太师却怀恨在心，捏造事实，向皇帝诬告黄定搜刮民财，在老家建造状元府，占地万亩，另有千里鱼池，比皇宫还富丽堂皇，分明隐存谋逆之心。皇帝听信谗言，下旨就地杀了黄定。公主闻讯，悲痛欲绝，认定驸马有冤，要求父皇重查，还驸马一个清白。皇帝只好另派钦差到黄定家乡实地调查，这才发现黄定在家乡建的状元府只是一落四扇厝，门口莲池不足半亩，别说跟皇宫比，就是跟当地有钱人家建的房子比，也只能说是小巫见大巫，人家的房子六扇的、八扇的都有。状元府与众不同的是，厅堂高悬着皇帝御笔亲书的“状元及第”金字牌匾。还有一副黄定亲书的帛对联：“青山御史第，乔木状元家。”皇帝得到真实情况后后悔莫及，故赐金头银项厚葬状元郎。

林嶾

—— 要当文官的武状元

林嶾（1150—1220），祖籍龙田前林，后迁居石塘（今融城瑞亭）。南宋淳熙十一年（1184）武状元。他考中武状元后，与同榜武进士陶天亮一起去拜谢主考官王蔺。王蔺有意推荐他们到军中任职，林嶾不愿意去。原因是当时在军队里实行“阶级法”，规定军官一旦犯错，要接受上级军官体罚，一般是责打 180 军棍。他认为，武科不单考武功，同样要考文章。参加武科考试的也是读书人，只不过是有武功的读书人。同是读书人，这是不平等的。六年后，王蔺提升为副相，将林嶾的意见禀告给皇帝，请求废除军队的“阶级法”，这个不平等规定才得以废除。

林嘌没有去当武官，而去当了文官。因为主考官王蔺不但喜欢林嘌的武才，更喜欢他的文才，所以向皇帝建议改派他为地方行政长官，历任两广三州知州。林嘌在任能体察民情，多有惠政。南宋庆元三年（1197），林嘌在潮州任职期间，遇灾害，百姓因无力交纳赋税而纷纷逃亡。林嘌不但上疏朝廷为辖区百姓减免赋税，还拿出自己的钱财购置学田，扩大当地办学规模；并修建济州桥，方便商旅和百姓往来，声誉很好。他著有《永阳志》30卷，还有六首诗留传至今，其中两首收入《宋诗纪事》，两首入选《永乐大典》。

敖陶孙

—— 以诗评名噪一时的节义之士

敖陶孙（1154—1227），字器之，东塘（今瑞亭一带）人。从小就风流倜傥，胸怀大志，文思敏捷，写文章时提笔就成，从文名重一时。

南宋淳熙七年（1180）以乡荐第一名补入太学为太学生。南宋绍熙五年（1194），赵汝愚因为曾保荐朱熹被韩侂胄迫害，大家都敢怒不敢言，唯独敖陶孙首先作诗为其送行。后来，赵汝愚贬谪永州，行至衡州，得病暴卒。敖陶孙听到死讯，挥泪作诗张贴于大街："左手旋乾右手坤，云何群小肆流言。狼胡无地容姬旦，鱼腹终天葬屈原。一死故知公不免，孤忠赖有史长存。九原若遇韩忠献，休说渠家末代孙。"韩侂胄得知大怒，下令拘捕敖陶孙，他巧妙化装，改名换姓连夜逃亡，才免了一劫。

直至韩侂胄死后，南宋庆元五年（1199）敖陶孙才中了进士，七十四岁时卒于温陵佥判任上。

敖陶孙除了诗作之外，最大成就是对诗词的研究，他的《诗评》不足五百句，却言简意赅、生动精到地评判了从曹操父子到与其同时代诗人的诗作。许多见解还十分独到，如："魏武帝（曹操）如幽燕老将，气韵沉雄；曹子建如河朔少年，风流自赏""苏东坡如屈注天潢，倒连沧海，变怪百出，终归雄浑；欧阳公如四瑚八琏，正可施之宗庙；王荆公如邓艾遣兵入蜀，要以险绝为功"，等等，至今读起来犹是字字珠玑。

陈贵谊

—— 敢向皇帝提意见的副相

陈贵谊（1183—1234），字正甫，融城场前人。他的一家人都在朝廷做官，父亲陈宗召在朝里最高官至太师、工部尚书，哥哥陈贵谦官江东提刑。但他没有因为自己出身于高官家庭而成为纨绔子弟。南宋庆元五年（1199），他年仅16岁就中了进士。但他的官途一路坎坷，因为他爱评论时弊，对官场腐败现象深恶痛绝。时宋宁宗在位，南宋已近末年，民间称“朝尾”，内有权贵擅权乱政，外有强寇金王作乱，百姓生活在水深火热之中。陈贵谊担任太学博士之初，就向皇帝上疏论政，尖锐地指出当朝奸佞当道，不仅不为国家分忧，还穷奢极欲、鱼肉百姓，天下怨声载道。请求皇帝与百姓同甘共苦，抑制权贵贪污腐败，减轻民众负担，集中财力和人力抗御外患。陈贵谊这番议论，令权贵奸臣怀恨在心，密谋暗害他。先是以陈贵谊的哥哥已在礼部做官为由，说是违背了亲人不能同处为官的朝规，奏请皇帝让陈贵谊避嫌，放出宫外任用。于是，陈贵谊被放出宫外，改任将作监丞兼魏惠王府小学教授。然而，陈贵谊并没有因此而缄口，仍以“国家兴亡，匹夫有责”的高度责任感，不断向皇帝反映官场种种腐败现象。诸如：言路不通，皇帝听不到底下真实的声音；贿

赂公行，许多事情得不到公正的处理；军法废弛，阵亡的将士得不到抚恤，而临阵脱逃的人却得到重用，等等。其实，陈贵谊的矛头直指腐败官员之首——奸相史弥远。史弥远是一个老奸巨猾的人，他利用当时的有关朝规，唆使太监以“擅越议事”（即向皇帝议论不属自己职权范围内的事）的罪名弹劾陈贵谊。结果，陈贵谊被革职。

南宋宝庆元年（1225），孝宗驾崩，理宗接位。时年陈贵谊42岁，才得到起用，并在七年内五次晋升，直至参知政事兼同知枢密院事（副相）。但是，陈贵谊没有因为新皇帝重用他而变成尽说好话的人，而是一旦发现皇帝处事不当，立即当面锣对面鼓地提出来。南宋绍兴六年（1233），奸相史弥远死了，理宗开始亲自理政。当时，一些宦官对拥立理宗登基有功，理宗想给这些宦官外加恩赏，赐予更多的权力。陈贵谊当即表示反对。理由是：宦官都是因生活所迫从小阉割后进宫，没有文化，而且性格变异，不宜授以更多的权力，如果他们确实有功，只能以物质奖赏为好。还强调说：皇上用人要以“忠实正直，奉公为民，有高尚品德，有知识懂规矩的人”为标准。理宗感慨道：“顷闻忧国之言，朕所不忘。”随即打消了原来的想法。

陈贵谊升为副相仅一年就因积劳成疾病逝，时年仅51岁。皇帝赠他资政殿大学士、金紫大夫衔，谥“文定”，对他的评价是“文能定天下”。

林亦之

—— 著作等身的理学家

林亦之（1136—1185），字学可，自号“网山先生”“月渔氏”，新安里网山（今海口镇孟厝）人，后迁居曲堆。少小聪颖，博览群书。盛年时游学四方，遍访名师大儒，后到莆田红泉书院拜当时著名学者林光朝为师，自此师从林光朝三十余年。林光朝当时名满江南，红泉书院又免费供优秀学生食宿，从学者一度达数百人，林亦之是他最钟爱的得意门生。林亦之经常跟着林光朝外出讲学，知识愈加深广。林光朝去世后，莆田士绅们一致推举林亦之继任红泉书院山长，继承林光朝传播二程理学，使红泉书院并未因为林光朝的逝去而衰微。后来做了南宋宰相的赵汝愚那时候为福建最高行政长官，他十分欣赏林亦之的道德才学，以对待老师的礼节恭请林亦之到东井书堂讲学，还上书向朝廷推荐林亦之，可是天不假年，还未等到朝廷任命下来林亦之就逝世了。林亦之逝世后人们还十分崇敬他，南宋景定年间（1260—1264）由林光朝三传弟子林希逸奏请朝廷追赠他为迪功郎，赐谥“文介”。

作为一名学者，林亦之除了讲学外，几乎把剩余所有时间都用在研究、注释儒学经典，后世人将其平时所作大量批注进行整理，出版了《论语精解》10卷、《毛诗集解》12卷、《庄子奥解》2卷、《考工记解》1卷，《通鉴纲目》20卷，《网山集》10卷。另有《诗集》1部，《玉融志》是他所撰写的。林亦之留存至今的诗作不多，但我们却可从南宋著名诗人刘克庄的评论中可见一斑。刘克庄称林亦之的诗“高处过《檀弓》《谷梁》，平处犹与韩（愈）并驱，诗律高妙，绝类唐人。”

林希逸

—— 文章“足以诏今传后”的学者

林希逸（生卒年月不详，约生活在南宋晚期），字肃翁，号虞斋，渔溪苏田人。他少年时在莆田红泉书院跟随理学家陈藻学习，后到江淮一带游学，行千里路读万卷书，学问日趋广博。南宋端平元年（1234），他参加乡试、省试连连中魁。第二年参加殿试，中进士甲科第四名，世称“联魁”。

林希逸最初官拜平海军节度推官，后升秘书正字、翰林权直学士兼崇正殿说书等职。南宋淳祐八年（1248），调任兴化军知事。南宋景定四年（1263）后，林希逸被召回宫中，累迁司农少卿、直舍人院兼礼部郎官、秘书少监、太常少卿，最后官至中书舍人（中书省是中央决策机构，舍人相当于副相）。林希逸为官正直，敢于直面皇帝陈述政见，他的“乞伸言路，早决大计，以慰人望”等意见，都被宋理宗采纳。

林希逸还是南宋尊师楷模。他不但尊敬自己的老师陈藻，还尊敬陈藻的老师林亦之。林希逸在知兴化军之前，就搜集林光朝、林亦之、陈藻的遗作结集刊行，书名为《三先生集》。林希逸到兴化军上任后，

即着手在莆田修建三先生祠，并提请尚书省明令禁止在林亦之、陈藻的墓地砍柴，每年春秋两季都备供品，亲自到学宫祭祀三先生。南宋景定年间，林希逸还奏请朝廷追封林光朝、林亦之和陈藻官衔。

林希逸精于儒学易论、老庄道学、王弼玄学和郡雍象数等学说，糅阴阳家之唯心论和道家之辩证术于一体。他对勾股、粟米等数学也有研究，涉猎甚广，著作甚丰。主要著作有《易讲义》《虞斋前集》《虞斋续集》《虞斋考工记解》《太玄精语》《潜虚精语》《虞斋十一稿》(即《竹溪十一稿》)和《诗集》《竹溪集》等数十部。南宋右丞相文天祥十分推崇林希逸的文章，称林希逸的文章“足以诏今传后”。

林同

—— 生为忠义臣、死作忠义鬼的义士

林同（？—1276），字子真，石塘（今瑞亭）人。他出生于官宦世家，其先祖林遹是北宋元符年间龙图阁学士，祖父林璟是南宋淳熙年间宝章阁直学士，叔祖父林環是南宋淳熙年间天章阁直学士，所以他曾“祖公荫官”，做了知县，后解官回到故里。

南宋德祐二年（1276），元兵长驱直下，直逼福建，左、右丞相陈宜中和文天祥拥护益王赵昰在福州即位，是为端宗，改元景炎，以福州为行都，设立抗元救亡政府。南宋景炎元年，元兵攻进福州，枢密使张世杰奉端宗和广王赵昺之命，率正军17万，民兵30余万，内准兵1万渡海到泉州。泉州招抚使蒲寿庚闭城不接，与州司马田真子上表降元。张世杰只好率军护宋端宗前往广东潮州。

南宋景炎二年（1277），张世杰回师攻打泉州，传令各州县出义兵援助。林同以自己累世事宋，国家有难，匹夫有责，与时任南宋监丞的妹夫刘仝祖同谋起事响应，在家里设忠义局，招募义兵。

正当林同与他的妹夫招募义兵的时候，宋代福清最后一个知县陈公荣领着家兵在坚守福清城时兵败，那些贪生怕死的县吏纷纷变节，向元军告密，致使林同和他妹夫刘仝祖招募义兵事败，刘仝祖自杀尽忠。众人劝林同先避走，林同不避，他说“吾宅业名忠义”。于是，他身着大宋朝服，咬破手指在大厅壁上写道：“生为忠义臣，死为忠义鬼。草间足可活，吾不苟为尔。诸君何为者，自古皆有死……”诗还没写完，元兵就冲进来，叫他投降，他不降，最后被元兵杀害。

元代

张金

—— 三十载抚侄成才的义姑

张金（1343—1413），时和里（今龙田镇二村）人，在兄弟姐妹中排行第十。自幼温顺娴静，学习女工，通明大义。嫁给北隅郑山的长孙郑比为媳，不幸郑比早逝，孀居。

其弟张世英蛇毒发作，生命垂危。正处弥留之际，张世英把姐姐张金叫到床前，嘱咐道："看来这次我是逃不出鬼门关了。我死后没有什么遗憾，只是我们的父亲只有我这个独子，我也只有你那八岁的侄儿弘远这个独苗，他是我们张家传宗接代的唯一依靠。希望你能代替我把他抚养成人，我也就瞑目了。"世英死后不久，他的妻子就改嫁了。张金记住弟弟的临终嘱托，虽然十分悲痛，但还是毅然担当起抚养侄儿的责任。她对侄儿弘远体察周悉，步趋叮顾，常常自己不吃也不让侄儿饿着。如果遇到侄儿生病，她更是彻夜不眠，一直护理到侄儿病愈才松口气。等侄儿稍微长大后，张金就让他进学读书。到了侄儿成

年后，张金又张罗着为其娶亲。就这样含辛茹苦过了三十年，直至侄儿弘远入仕。弘远十分感念姑母养育之恩，每回诵读李密的《陈情表》，想起姑母再造之功，就痛哭流涕、泣不成声。在姑母逝世后弘远将其葬在父亲的墓茔，为了纪念深明大义的姑母，还建了“义姑祠”。至今，龙田二村张氏宗祠一侧另有一座“义姑祠”。张金三十年抚育侄儿的事迹感动了许多人，有里人陈继儒作《义姑行》曰：“有雏有雏，八岁而孤。无怙无恃，如委道余。张氏垂绝，可奈何！可奈何！义姑哉，孀居一室，之死靡他，不愿为凤凰，翱翔井边梧；不愿为鸳鸯，游戏水中蒲；但愿雏长成，身作白头乌。青春逝，清夜徂，抱弟嗣，血泪枯。尔寒我襦，尔饥我哺。授尔句读，爱尔发肤。娶妇生儿美且都，险哉一缕千钧扶，笄黛存孤古所无，程婴、李善何难乎？吁嗟兮，巾帼男子，红粉妖狐，胡不闻张义姑。”

陈友定

—— 临死不屈的硬汉

陈友定（1327—1368），一作陈有定，字国安，玉涧（今福清市高巷一带）人。

小时候，陈友定父母就双双离世，他孤身一人过着贫困的生活。年轻时，因生计无着，流落到闽西汀州府清流县，以务农为生，生活仍很困顿。元至正十二年（1352），闽浙沿海发生动乱，波及汀州各县以邵武、延平两府。汀州府判官蔡公安奉命招募兵士镇守辖城。陈友定以乡里弟子身份投其麾下，当了一名府兵。陈友定平日里练过武功，臂力过人，为人又机敏骁勇，被蔡州判看中，授黄土寨巡检职务，跟随蔡州判参加平定邵武、延平两府叛乱。陈友定善于分析敌人，或以智取，或以力克。不久，汀州及延平、邵武两地叛乱得以平息，陈友定也因战功被擢升为清流县主簿，不久再升迁清流县令。元至正十九年（1359）陈友定派部下大将康泰进攻邵武、邓克明进犯汀州。陈友定以汀州总指挥身份与邓克明部在黄土寨附近展

开大战，一举击败邓部，仅邓克明只身得脱。陈友定遂被破格提拔为福建行省参知政事。元至正二十一年（1361）邓克明再次来犯，又一次被陈友定所败。此后陈友定连战皆捷，升为福建行省最高地方官——平章政事。此时，元军在其他各处战场纷纷败退，独福建捷报频传。陈友定先后破方国珍部，杀朱元璋部将胡琛，成为元廷特别倚重的南方重臣，多次被诏慰。但是省城福州却陷落了，陈友定只好把省城迁往汀州，再迁往延平，与大兵压境的朱元璋部对抗。明洪武元年（1368）朱元璋平中原，定江淮，登基南京，遣大将汤和率大军直取延平府。汤和久闻陈友定是一名硬汉，先致一封劝降书，让人送到陈友定营帐。陈友定非但不纳，还当众杀了信使，将他的血掺在酒里与众将盟誓拒降。汤和大军见状，依江边列阵围城。陈友定坚守孤城，誓与延平共存亡。怎奈手下刘守仁等密谋杀陈友定以降，并暗通明军相约以军器局火炮轰击陈友定大堂。明军闻炮声，知有内应，大举攻城。陈友定知大势已去，但还是镇静地对身边各位将领说：“天不助我，何去何从各位自决，我只能以死报效朝廷了。”说完，端坐大堂，一手按剑，一手端起早已备好的毒酒一饮而尽。此时，明军已攻进大堂，见状，忙把他抬了出去。恰好天降暴雨，把陈友定淋醒，明军就把他连同从将乐赶来的儿子陈宗海一同押到南京，交由朱元璋亲自裁决。朱元璋问他：“元朝已经灭亡了，你还要报效谁？你曾经杀了我的部将胡琛，这回又不接纳我们派去的使者，现在你有什么话说？”陈友定一点也不退让，怒气冲冲地回答：“我已经满足了。你要杀就快点！”最后和他的儿子一同被斩杀于南京。

明代

卓敬

—— 敢于直面强权的良吏

卓敬（生卒年月不详，约生活在洪武时代），字惟恭，壁江（今江阴壁头）人，从祖辈起就迁居浙江瑞安县。卓敬从小就聪明早慧，曾经有个相面的见他小小年纪就气度不凡，私下对人讲："此儿骨发，必为名卿，惜血不华色耳。"明洪武二十一年（1388）登进士第，被任命为户部给事中。当时封分到各地的藩王见朱元璋年事已高，纷纷不理中央政府自行决定政事。卓敬见状乘着皇帝接见他的机会，把这些情况奏告，太祖朱元璋赞同他的观点，让他担任宗人府经历，以帮助他解决藩王自强问题。后来，又升任户部侍郎。建文帝朱允炆登基后，一次燕王朱棣来晋见。卓敬从其言行中看出此人可能有异变，就密奏建文帝曰："燕王智勇超绝，又占据十分重要的燕地，不能不防。建议把他迁封于离京城不远的南昌，以便节制。"建文帝阅过奏章，先是大吃一惊。过了几天，卓敬面陈此事，警告事态的严重，不料性格平和的建文帝竟然犹豫不决。后来，燕王朱棣果然以"清君侧"之名起兵推翻了建文帝政权，自己登上帝位，改年号为永乐。永乐帝一上台，就指责卓敬不奉迎自己为大不敬。卓敬并不示弱，仍然高声斥责朱棣篡权行为。在一旁的军师姚广孝建议永乐帝诛灭卓敬九族。卓敬在临刑时，神色凛然，毫不畏惧，从容地说道："变起宗亲，略无经画，敬死有余罪。"幸好早有人把消息告知卓敬家人，两个幼童被匿藏外逃，才避免了灭门之灾。

林鸿

—— 闽中诗坛十才子之首

《明史·林鸿传》有这样一段记载："闽中善诗者，称十才子，鸿为之冠。十才子者，闽（福州市）郑定，侯官王褒、唐泰，长乐高棅、王恭、陈亮，永福（今永泰县）王稱及鸿弟子周玄、黄玄，时人曰为二玄。"

林鸿（生卒年月不详，约生活在元末明初时期），字子羽，融城宦街人。他天资聪颖，读书过目不忘，擅长作诗。明洪武年间，他以才华出众跳过考进士，经推荐直接参加殿试。林鸿当殿赋诗两首，一首为《龙池春晓》，另一首为《孤雁》。朱元璋很喜欢，直接将其派往福建将乐当训导。林鸿从而名动京师。七年后，升为礼部员外郎，时年林鸿还不到40岁。可是，林鸿担任礼部员外郎没几个月却不干了，请辞回乡。这到底是为什么呢？原来，朱元璋是农民出身，文化不高。一些官员便利用皇帝这个弱点，一旦对哪个文人看不惯，就在皇帝面前打小报告，说某某人在某某文章里影射皇帝的不是，或怀念前朝等。于是，朱元璋就大兴"文字狱"。林鸿是一位诗人，自恃清高，不善虚情假意，担心自己哪天得罪了哪一位权贵；而且由于作诗讲声律，重意涵，也不会注意哪个字哪句词的谐音是皇上忌讳的，很容易落入"文字狱"。他在《放归言志》一诗中这样写道："君门乞得此身闲，野树烟江一棹还。收拾旧时诗酒伴，远寻僧舍入秋山。"

林鸿回乡后过着隐居生活，致力于诗歌创作，以诗会友，收授弟子。他认为，汉魏的诗骨气虽然雄健但隽逸不足，晋的

诗风玄虚，齐梁以下诗风浮华，只有唐诗创作可算是集大成者。他主张作诗应学盛唐，“声秀声律，粲然大备”，“骨气”与“菁华”并足，“春华”与“秋实”相兼。他通过高棅编选的《唐诗品汇》和《唐诗正声》来体现自己的主张。实际上，以林鸿为代表的闽中诗派，影响着明一代诗坛。

林鸿的诗作有歌颂爱国情怀的《塞下曲》中的“国耻犹未雪，壮士莫思家”；也有表达壮志难伸的《感秋》中的“三十志有立，一经尚无成”；还有不少赠别怀旧的诗如《寄逸人高漫士》中所吟“云物正当摇落后，黄海终念别离难。龙门别墅今宵月，谁与相同把酒看？”

有学者评论林鸿写的诗既有神韵、气质，又有真情。当然也有一些模拟之作，但其神韵气概也非其他才子所及。《四库全书总目提要》说“况高棅尚不免庸音，鸿则时饶清韵。”因此，明代福建人谈诗，必奉林鸿为宗。也因此，林鸿名满天下。有一个晋府引礼舍人叫浦源，钦慕林鸿声名才学，不远千里前来拜访，借收购书籍为名到林鸿隐居处，拿出自己模拟林鸿的诗给林鸿弟子二玄看。二玄看了拍案叫绝，把他引荐给林鸿。林鸿很高兴，请浦源参加他主持的诗社，让出房子给浦源住，浦源的名声也因此大噪。

林杨

——片疏霁天威、言泽遍三省的布衣

林杨（生卒年月不详，约生活在明洪武年间），字仪中，出生于海上里山门（今平潭流水乡山门村），清初迁居方民里（今海口街“柴牙兜”），是海口镇“务后林”始祖。他白丁告御状，被关天牢18年，最终为福建、广东、浙江三省海岛移民解除了虚税负担。明工部侍郎董应举题联赞曰：“片疏霁天威，言泽遍三省。”

明洪武二十年（1387），朝廷为了防御逃避海岛的敌对势力和倭寇的侵扰，下旨沿海各省，凡边远海岛上的居民一律迁入内地。福清县辖区内的海潭岛（今平潭）与内地仅隔不到一里的海峡，本不属边远海岛。时任福建指挥使的李彝，却借勘地之机，向海潭岛民众索贿，声称每户不交出5两银子作为勘地费，他就上报朝廷下旨把全岛民众迁入内地。林杨就带领乡人与李彝理论，表示每户只能出10个铜板作为勘地费，否则分文不给。李彝恼羞成怒，向朝廷谎报海潭岛远离内地，与琉球群岛（今日本）接近。明太祖朱元璋轻信了李彝的话，即下旨把海潭岛上所有居民迁入内地，并限期三天，迟迁者杀头。由于没有那么多船只，许多人家只好拆了门板、床板扎成木筏渡海。时遇狂风，落海死伤者无数。林杨和他的母亲还有三弟抱着门板漂到海口镇，便在此定居下来。

灾难并没有就此结束。李彝为了博得

朝廷重视以便步步高升，不顾百姓死活为自己创造政绩。海潭岛居民内迁已成荒岛，而往年应负担的5000石田税、30余万钱粮和其他杂税还得由内迁居民负担。这些内迁居民已无产业，靠出卖苦力养家糊口，如何缴得起税？结果被殴打甚至抓捕入狱的不计其数。许多人家被逼卖儿鬻女、投海上吊。明洪武二十一年（1388），林杨上京告御状，参上了一本《奏蠲虚税疏》。他的奏疏落在李彝同党手里，以“犯上”罪把他投入天牢。至明永乐四年（1406），林杨才被释放。林杨出狱时，手铐脚链之处生满虫蛆，遍体生疮，十指不能伸直，没几年就病死了。

明宣德元年（1426），明宣宗下旨彻查以往未批奏疏，结果查出林杨的《奏蠲虚税疏》。朝廷即派出钦差到实地调查，证明林杨所奏属实。调查报告呈到宣宗龙案，一阅确是天大民怨，即下诏书：福建、广东、浙江三省，凡从海岛迁入内陆的民众，其原来登记在名下的海岛土地全部剔除，免去所有税赋。

薛廷宠

—— 家贫如洗的吏部天官

薛廷宠（生卒年月不详，约生活在明正德、嘉靖年间），字汝承，福唐里（今龙田镇上薛村）人。他幼年家境贫寒，生活非常艰苦。但他胸有大志，天性聪明，喜好学习，后由宗祠供学。明嘉靖十一年（1532），薛廷宠不负众望，考中进士。

最初，薛廷宠担任宫中行人，执掌传旨、册封等事。时高丽（今朝鲜和韩国合称）新的国王继承王位要举行登基大典，明世宗委派薛廷宠作为大明使节前去见证认可。当时高丽是大明的属国，属国的最高统治者只能称王，王位轮接需要帝国派使节前去见证，否则王位不合规制。薛廷宠出使高丽回京后，被提为吏部都给事中，世宗却赐他一品朝服。

薛廷宠为人耿直，毫无私心，朝议时慷慨激昂，义正词严，对朝廷忠心耿耿，明世宗很喜欢他，对他的建议多有采纳。但是，明世宗更喜欢奸相严嵩。尽管严嵩贪赃枉法，侵吞军饷，破坏战备，使东南倭寇和北方蒙古族的侵袭更加严重。大臣中与其不合者尽遭迫害，朝野上下敢怒不敢言。其子严世蕃和爪牙赵文华在他的羽翼下都执掌大权，横行不法，为朝野所痛恨。薛廷宠与别的大臣不一样，敢冒死多次上书弹劾严嵩父子，历数他们祸国殃民

的罪行。刚开始，世宗还从中调停，劝薛廷宠迁就一些。后来，世宗索性装聋作哑，置之不理。为此，严嵩怀恨在心，便唆使吏部党羽上书，说薛廷宠在宫内与众臣不合群，应放出宫外到地方为官。朝臣得讯，纷纷上书挽留。其实，世宗也不愿意薛廷宠离开宫廷。不久，薛廷宠积劳成疾逝于官所。谁都想不到，一个堂堂的四品“吏部天官”，竟然家贫如洗，连收殓的钱都没有。在京同乡知道了这件事，纷纷主动凑钱为薛廷宠收殓，并将他的灵柩运回家乡，葬于玉融山。

薛廷宠著有《谏垣奏议》四卷、《皇华集》四卷。

翁世经

—— 被树风表俗的廉能楷模

翁世经（生卒年月不详，约生活在明正德、嘉靖年间），字可贞，号一水，平北上里（今三山镇）人。明嘉靖十四年（1535）进士及第，初授户部主事，历员外郎中，后外放任广西梧州知府，浙江参政，最后官拜广东布政司使。

翁世经在官场中名声很好。尤其在梧州知府任上，能兴利除弊，修建城垣，疏浚隍河，用砖砌衬城区排水渠道，公益工程做了很多却没有加重百姓的负担，被上级当作榜样让其他府县官员效法。在梧州任职三年后，御史看他很受百姓爱戴，破例上疏奏请留任，以慰民意，梧州父老乡亲建生祠褒彰他。在浙江参政任上，他对内抑制地方权贵的横行霸道，对外对日本人可能的进犯也加以防备。在广西右丞任上，以密摺向朝廷奏报藩王在地方的胡作非为，说了别人不敢说的话，做了别人不敢做的事。在广东右丞任上，他能“谨权量，慎出纳”，革除了以往层层要进献珍珠和土特产的惯例，使百姓减轻负担。同时在缴纳粮赋上采取更加利民的办法，使手下书吏不敢作奸。因为过于操劳，到任才四个月就病逝在官衙里。他的突然去世，上至朝廷，下到民间，无不感到痛惜。翁世经不但是能官，而且十分清廉。当他在广东逝世后，同僚们帮他料理丧事，发现他的箱箧里仅有几本书而已。时任福建副使的文坛魁首徐中行应翁世经家乡福清诸生们的请求，以乡贤祀于学宫，用以树风表俗，作后人的楷模。

魏体明

—— 疾恶如仇、爱民如子的良吏

魏体明（1523—1591），字用晦，号瀛江，后瀛（今东瀚镇后营村）人。

嘉明靖四十四年（1565）登进士第十名，被任命为江苏吴县知县。在吴县未到三年，因政绩优异被升调入京。吴县市民见挽留不住，特绘制了一幅《吴山图》相赠，还请了著名散文家写了一篇《吴山图记》。在京都，魏体明先后在兵部、刑部和工部任事。他以自己对政事的见解，提出谨天戒、慎刑狱、防边事及时政十二事、两广六事等，上疏朝廷，受到采纳，被称"洞达而使于国"。魏体明为人正派、疾恶如仇，时有丁相国府内的宦官李进横行街巷，竟当街杀死人。魏体明条陈其罪状，对其弹劾，李进终被正法。这件事在京城引起强烈的反响，那些平时横行霸道、无所畏惧的官员再也不敢胡作非为了。后来，魏体明外任江西副使，兼九江兵备。当时鄱阳湖盗匪猖獗，抢掠民商。魏体明一上任就增派武装巡逻船，还在各个要道上设卡，很快就擒获了匪首，从此盗匪绝迹。同时，魏体明加固堤防，疏浚水道，造福沿湖百姓。不久又调任山东参政，分守青州和莱州两府。在云南按察使任上，他昭雪冤狱，有预见地调处了少数民族地区叛变的危机。在四川布政司左丞任上，虽然当时每年因向朝廷上贡蜀锦和宫扇等要花费数万两白银，但由于他管理得宜，并没有因此而加重百姓的负担。那时，刚好四川布政司正使缺位，不论资历还是政绩都要推魏体明担任，可是由于朝中无人举荐，遂作罢。于是，魏体明便告老还乡，闭门著述，直至终老。

秦经国

—— 东南水军抗倭名将

秦经国（1525—1559），字嘉猷，祖籍五河。秦经国少年时即好学，喜谈兵，有远略，20岁就承袭镇东卫指挥同知，掌管镇东卫政事。但因为他太年轻，还没有实战经验，所以卫所里有不少官兵没把他放在眼里，经常出现官员违抗军令现象。明嘉靖二十四年（1545）农历十一月中旬，秦经国得到海口民军禀报，有一伙倭寇从松下登陆向海口杀来，估计傍晚逼近海口地区。卫所官兵听说倭寇要来了，都很害怕。秦经国立即召集戴洪、高怀德、张銮等十多位亲信共商破敌之策，采取伏击歼灭倭寇前头部队，接着趁倭寇入城抢掠混乱之时，突袭倭寇，倭寇猝不及防，纷纷落荒而逃。这一战令倭寇闻风丧胆，秦经国名声大噪，倭寇十年不敢接近海口。

秦经国英勇善战，得到上级重视，先被任命兼管南日水寨，后被委派挑起海上防倭重任。他不辱使命，扫平横屿倭穴，大破巨贼李占春，连战连捷。当时，有海盗万余人围攻潮州，都督俞大猷召集众将，问谁能解潮州之围。秦经国献"围魏救赵"之计，并率狼兵三百直捣匪巢。倭寇果然放弃围攻潮州，回巢把秦经国团团围住。秦经国纵火烧了匪巢，退居山顶，苦战七昼夜，坚持到援军到来，内外夹攻，大破倭寇。之后又奉命回闽，追剿进犯政和、寿宁、小埕和北菱等处的倭寇，擒斩倭寇六十余人。

明隆庆元年（1567），广东巨寇曾一

度纵横海上，自封“承天王”。朝廷诏令闽、粤协剿。秦经国奉命招募敢死队，在桐山、南沃间与倭寇交锋，大战数日，士卒死伤过半，自己的胡须也被烧了，屁股也烧伤了。但他越战越勇，发大炮摧毁贼船，斩敌百余众。接着又一支倭寇进犯闽南崇武所城，秦经国奉命回闽征剿。巡抚御史问秦经国：这一战有把握吗？秦经国答：早上出兵傍晚就可以听到捷报。秦经国带领将兵不带干粮，只驾四艘渔船，伪装成渔民。突入倭寇水寨，击沉倭船两艘，擒拿倭首阮方正等六十人。时还未过午，其威犹如关云“温酒斩华雄”。明万历初年（1573—1582），海上巨寇林风骚扰闽、粤。秦经国以偏师督五寨，斩倭百余众，吓跑巨寇林风。不久，一支残寇又来犯，秦经国追杀倭寇于五墟洋，威慑通倭的亡命之徒。

秦经国每战必胜，屡立战功，最后升为参将。后来，由于朝廷腐败，坏人当道，好人受气，秦经国辞官回家侍奉母亲。

郭遇卿、郭造卿

—— 文武全才，鼎力相助戚继光整饬边防的血性兄弟

明嘉靖年间，戚继光奉旨入闽驱倭，在福清驻防期间，得到福清当地军民鼎力相助，其中有一对兄弟尤为突出，他们就是郭遇卿和郭造卿。

郭遇卿（1527—1607），字建安，化南里（今三山、港头一带）人，倭患时曾一度暂居海口。在他为生员时，就喜欢研究《孙子兵法》等兵书，也爱舞枪弄棒研习武功，以精通韬略自负。明嘉靖末年，倭寇侵略福清地区，郭遇卿就召集组织乡勇义兵对抗倭寇，曾经亲手杀死来犯的倭寇头目。戚继光将军率兵进驻福清时对他十分器重，常与他商讨抗倭事宜。后来，戚继光奉旨北调镇守北障蓟州时，特地带他在身边。郭遇卿在白羊峪大败来犯之敌，一举把敌军赶出七十里，因军功被任命为遵化守备。他协助戚继光整饬边防，简政宽刑，还让当地生员们一边讲论经义一边研习兵法，以培养守边人才。后来，因为在家乡的母亲年老请求退归，他走的时候，“行李萧然，士卒攀辕数百里”。可见他是何等受部下的尊敬和爱戴。

郭遇卿还把自己学习兵书及实战经验作了认真的总结，写成《车战六议》和《蓟昌图说》两部著作，由朝廷颁行，作为军官必读书籍。此外，还有一部诗文集《龙洞集》（共五卷）行世。

郭造卿（生卒年月不详），字建初，

郭遇卿之弟。年纪很小时就颇有名气，曾经游学吴越等地，遍访名师，很受胡宗宪、李襄敏、汪道昆等人的器重，他们十分欣赏他的文才，赞赏他的德行，都把他作为上宾接待。戚继光将军带兵入闽平倭，经常与郭造卿会商军事，十分赞赏他的才华。时任福清县令的叶梦熊也请郭造卿为其幕僚，并请他住在县衙附近一处寺院，经常切磋文韬武略。太仓人王锡爵时为国子监祭酒，亲自登门邀其参加中书试，也被郭造卿婉言回绝。后来，戚继光移防蓟州，诚邀郭造卿同往，郭造卿以好友徐中行正在病中，不忍远行，留下来伺候病中好友。直至徐中行去世了，郭造卿为其料理完后事才赴蓟州投戚继光。在蓟州，戚继光为了让郭造卿有一个安静的环境编撰《燕史》，特地为郭造卿建了一处叫汉庄的馆舍。不久，戚继光又奉旨南调，郭造卿为了完成《燕史》而留了下来，直至全书完成。当时接任蓟州总兵的维扬人顾养谦也十分赏识郭造卿的才能，将其奉为上宾。郭造卿为其筹划以海运方式从南方调粮北上，及时让十余万灾民得以活命。郭造卿虽然仅是一名太学生，但由于文武全才，所交往者均为当时社会名流和公卿贤士，不论有什么疑难生僻的典故奇事，没有能难倒他的。因为他长期在塞上居住，和当地人建立了十分亲和的关系，以至于到了晚年要返回故里时，当地民众依依不舍苦苦挽留。晚年回到家乡的郭造卿寄情山水，流连于灵岩、石竹和灵源间，以诗为伴，以酒为乐，过着闲淡的日子。郭造卿一生著述甚丰，除了《燕史》外，还有《永平志》《卢龙塞略》和《玉融古史》，以及各种诗文百余万言。可惜均已遗失。

林春

——从"无米为炊"到"进士第一"

林春（生卒年月不详，约生活在明正德、嘉靖年间），字子仁，号东城，又有说号秉城，方成里（今城头镇五龙一带）人。他曾跟随祖父林闰侨住在泰州（今江苏省泰州市）。家境十分贫困，曾窘迫到吃了上顿没下顿，但是他并不因此失志，仍然乐观自若，艰苦读书。后来他的事被一位姓王的刺史和乡亲王汝止知道了。这两位王先生曾经都是当时大儒王阳明的弟子，在他们的提携下，林春才有了一个比较好的学习环境，此后他愈加努力上进，以报答知遇之恩。明嘉靖七年（1528）参加乡试中了举人。明嘉靖十一年（1532）又在会试中得了第一，登进士第一名，是福清历史上唯一的一位文状元。后被选任户部广西司主事，调礼部主客司主事，再调吏部文选司主事。当时吏部一些官员认为自己资格老，看不起刚调入的林春。可是林春并不与他们计较，更不以自己的能力和他们较量，而是兢兢业业地做好自己的工作，每次到国子监给太学生们讲学，听者都挤得讲堂坐不下。后来又被选任为稽勋文选郎中，位置更加重要了，但他学习更加勤奋。那个时候，在京师太学讲学的各省籍出名学者有几十人，有许多人都像林春一样聪明颖悟，但志向高远、行止

笃实的只有林春和吉水的罗达夫两人。林春生平不喜欢写过于华丽的文字，因此留给后人的诗文都富有哲理，质朴而不艳丽，和他的为人是一样的。在他病重时，还请朋友一起讨论关于曾子启手足的事（见《论语·泰伯》："曾子有疾，召门弟子曰：'启予足，启予手。'"儒家宣扬孝道，曾子有病，恐死，召弟子开衾视手足，以明临终前受于父母的身体完整无毁）。他的发言十分恳切，让当时在座的人没有不被感动的，但又为他的病情担忧。此后没过几天他就病逝了。

林廷兴

——以身殉国的抗倭义士

林廷兴（生卒年月不详，约生活在明嘉靖年间），字志古，号北岩，方民里（今海口镇）人。身材高大魁梧，目光如炬，才气无双。年轻时曾进过儒学，却没有登第，弃而习武，长于骑射，善于韬谋。

明嘉靖四十三年（1564），倭寇从莆田涵江取道上迳侵犯海口。此时官兵尚未到来，方民里数万民众惊慌失措。林廷兴自发率领一帮乡亲，守住龙江桥阻止倭寇进犯，在桥上展开肉搏战。林廷兴一人就杀了多名倭寇，倭寇见状胆寒，互相转告："避开那个大汉！"由于林廷兴在桥上挡住了倭寇，方民里民众才赢得时间逃至他处，避免了人员伤亡。

倭寇看着占不了便宜，便驻扎下来，伺机侵扰。当时主簿谭用向省府告急，王巡抚派泉州卫一指挥童乾震和王月勇等领兵驰援福清，并推荐林廷兴随军参战。童乾震遂命郑有本和林廷兴为先锋，一前一后从两翼包围了倭寇，这一仗斩杀倭寇两百多人。倭寇突围退去，又联络了沿海各处倭寇，集中兵力围攻福清。王月勇见来敌人多势众，临阵怯退。只有林廷兴带领数百名士兵与倭寇主力鏖战，从早上一直战到中午，终因寡不敌众，被倭寇团团围住。林廷兴临危不惧，仍然挥戈冲入敌阵，砍杀倭寇数人，终因孤军无援壮烈牺牲于阵中。

事后，有司把林廷兴奋勇抗倭、壮烈牺牲的事迹奏报朝廷，获赐赠武略将军。

郑梦祯

—— 为民请命、廉洁清正的州官

郑梦祯（1549—1600），字开父（一作开甫），号龙山，万安里（今渔溪镇）人。自幼聪慧好学，明隆庆四年（1570）由乡荐入仕。初授宁晋（今河北省宁晋县）教谕，调迁国子监博士。不久，被派至蕲州（今湖北省蕲州市）为官。

蕲州有一处卫城，因为年代久远，当时已废为民居。当地藩王想要赶走百姓占为己有，要郑梦祯下令驱逐住在卫城里的民众。郑梦祯回禀道："这处卫城荒废已久，再恢复它干什么，臣下不敢奉命驱民。"藩王见郑梦祯态度十分坚决，也就不敢再坚持了，只好作罢。大太监陈奉监税两湖地区，为人十分蛮横，他的爪牙四处耀武扬威，肆意欺诈百姓，当地大小官员没有一人敢说一个"不"字，唯独郑梦祯敢于和他们理论，制止他们的恶行。陈奉又公开贴出公告，要在蕲州包矿税，还派他的一个叫王金吾的手下向郑梦祯行贿，还暗示若不同流就要丢官。郑梦祯不为所动，愤怒地斥责道："我岂能为自己的乌纱帽而屈从你们。"并主动要求罢职归休。蕲州老百姓闻知，成群结队去见王金吾，说："蕲州有幸，出了这样贤明的父母官，怎么能逼他去官？"百姓们愤怒起来，还把不讲理的王金吾痛打一顿。这下子陈奉更加受不了了，以抗旨的罪名上疏弹劾郑梦祯，结果郑梦祯被贬谪到蛮荒的贵州去，降级为按察司经历。同时派人暗随其后，要在半路加害他。幸好蕲州老百姓早有防备，也派人一路保护郑梦祯，才使其免遭歹人毒手。郑梦祯为官清廉，归里时不拿朝廷一文钱。不幸郑梦祯在半路上痈疽发作而逝。蕲州百姓听此噩耗，有数千人前去吊丧，以致全城市巷皆闻哭声。后来连朝廷也不得不追赠他为湖广按察司佥事，以平民怨。

林章

——“触冒时忌，至死不悔”的风骨之士

林章（1551—1599），原名春元，字寅伯，又字初文（一作初元），东瀚大邱村人。他7岁便能作诗。

明嘉靖四十二年（1563），倭寇侵扰福建沿海，福清亦受其害。年仅13岁的林章就上书请缨御倭。明万历元年（1573）他乡试中举，但后来应会试屡试不第。当时沿海倭患愈加猖獗，大司马主张妥协议和，林章慷慨激昂上书反驳，但毕竟无官言轻，朝廷已经批准了议和奏本，就把林章的奏本交给下面“从长计议”。林章又奏“增行盐，停矿税”以解民忧，但这些都与当权者想法相悖，不但得不到采纳，还因此被捕下狱。林章愤慨万分，后来竟枉死于狱中。后来朝廷与倭寇议和失败，矿工因重税造反，林章上书朝廷的事一件件都被言中。大学士文震孟赞扬林章是“触冒时忌，至死不悔”。大宗伯董其昌也说：“应该将林章的奏疏编入青史，林章这种精神才能不朽！”

林章工于诗，还擅长戏曲写作。今北京图书馆藏有明天启年间刻本《林初文诗文全集》15卷，计7册。他的戏曲代表作有《青虬记》和《观灯记》传奇二种。后人称其诗爽朗雄壮，其文则直抒胸臆。

何璧

—— 校订《西厢记》的戏剧作家

何璧（生卒年月不详，约生活于明万历年间），字玉长，号渤海逋客，时和里（今龙田镇）人。何璧身材魁梧，性格放荡不羁，喜饮酒赋诗。

何璧年轻时曾游学清流、南京、福州各地，深得当时文坛泰斗王若、张涛、曹学佺等人的赏识。张涛还曾向朝廷推荐何璧，但未被任用。明万历四十一年（1613），应张涛的邀请，何璧到张涛的辽东抚台任幕僚。当时辽东地区形势已经开始紧张，建州等地女真武装时常侵扰。何璧认为要制服各部女真，先要深入准确了解他们，然后才有良策。他认真研究了辽东地区形势，对女真各部情况了如指掌。正当他要协助张涛制订制服女真大计时，张涛被调离辽东。何璧曾对人感叹道："天若用我，白山黑水克日可定矣！"何璧空怀抱负，终不得志，五十多岁就终老湖北荆州。

何璧精通诗文，尤善戏剧。有诗集《辽蓟吟》1卷录其在辽东所作诗词，又有文集《逋客集》1册，均佚不存。幸而由何璧校订的元王实甫《西厢记》于明万历四十四年（1616）重刊，从古本及1961年由上海古籍书店印行的《明何璧校本北西厢记》，为我们留下见证。何璧校本《西厢记》分场更集中、合理，用词更简练、准确，尤其是他的自序更是一篇难得的戏剧理论文章，为后世所推崇。

叶向高

—— 苦心支撑明廷的三朝元老

叶向高（1559—1627），字进卿，号台山，又号福庐山人，港头后叶村人，后迁居融城大中前，府第称“双蝴蝶”。

叶向高 21 岁中举人，25 岁中进士，又到翰林馆读书，因为成绩优秀当了翰林编修。28 岁那年，他父母相继去世，在家守孝达八年之久，直到 37 岁才到京城补官，历任右谕德兼侍讲、左春坊左庶子，朱常洛的侍班官。因为万历帝不理朝政，日事嬉戏。宦官趁机擅权，教唆万历帝派矿税监四处扰民。叶向高即上疏请求罢去矿税，撤回矿税监，给民以休养生息。但万历帝置若罔闻。宦官和权贵知道了这件事，将叶向高视为他们的眼中钉，合谋把叶向高挤出宫廷，转任南京礼部和吏部侍郎，官衔虽高却没有任何实权。就这样，叶向高被“晾”在南京达九年之久。

明万历三十五年（1607）叶向高被重召回京，升礼部尚书、东阁大学士。那一年阁臣于慎行死了，第二年首辅朱赓也死了，次辅李廷机因被人攻击，杜门不理事，内阁里只剩下叶向高。明代的阁臣即是相，所以被称为“独相”。叶向高当了八年“独相”却不干了，一连打了 60 多份请辞报告，万历帝才准他辞官回家。按说，万历帝对

叶向高很好，叶向高为什么不干呢？原来，叶向高当了八年“独相”，万历帝只采纳了他三回奏事：一是有一年京都辖区受灾严重，叶向高奏请拨内宫库银赈灾，得到采纳，万历帝亲自拨帑金（国库里的钱财）5 万两，米 15 万石；皇太后也出赈灾金 10 万两；宫中各嫔妃、太监、宫女也拿出身边的余钱参加赈灾。二是意大利传教士利玛窦在京逝世，叶向高向朝廷请求赐葬，理由是利玛窦与徐光启合译《几何原本》，传播西方先进的科学技术。万历帝准奏，“诏以陪礼葬”。三是万历帝宠爱郑贵妃，想立与她生的儿子常洵为储君。叶向高极力反对，请求让常洵到河南洛阳去，封地给他。万历帝采纳，下旨地方拨给常洵赡养田 4 万顷。叶向高力阻，说拨田这么多势必侵吞民田，造成农民流离失所，要求赡养田减半。万历帝也勉强接受了。除此之外，叶向高许多好的政治主张万历帝都当成耳边风。于是叶向高感到“时事不可为”。有人认为叶向高请辞是傻人干傻事，做个“独相”多好，就是什么事都不干，身份在那里，俸禄在那里，万人敬仰，多少人想要都要不来。但是叶向高不这么想。

叶向高请辞回乡六年后，万历帝驾崩，太子朱常洛继承皇位。因为叶向高曾经是

朱常洛的老师，朱常洛能成为储君，叶向高有一份功劳。所以，朱常洛感激在心，一当上皇帝就下诏召叶向高进京辅佐他治理国家。叶向高对朱常洛也是有感情的，决定进京助新皇一臂之力。叶向高正要启程，又传来一个不好的消息，朱常洛刚登基不到两个月就死了，由朱由校继位。叶向高对朱由校没有什么感情，所以打消了进京的念头，打报告请辞。朱由校不准，叶向高再辞，还是不准。理由是，这是上一任皇帝的宣召，天下人都知道了，其不能更改已经不在人世的先皇旨意！没有办法，叶向高只好二度入阁，新皇帝授他首辅之职。但是，叶向高担任首辅仅仅 4 年又不干了，打了67次请辞报告，最后才获准。

叶向高这次请辞的原因，可以用一句俗话来形容：老鼠钻进风箱里——两头受气。为什么这么说呢？因为新皇帝年少，宫中大权被宦官魏忠贤把持。以朝臣杨涟为代表的东林党人向皇帝上疏，罗列魏忠贤 24 条大罪，要求弹劾他。叶向高作为首辅要为大局着想，认为新皇帝刚刚继位，安定的局势很重要。如果动作过于激烈，魏忠贤会狗急跳墙，那么时局就不可收拾。于是向皇帝建议，给魏忠贤必要的警告，让他自我有所收敛，然后逐步削掉他的大权。可是东林党人不理解，以为叶向高站在魏忠贤一边。于是，东林党人不管不顾，连番上疏弹劾魏忠贤。魏忠贤见势不妙，利用手中的权力大开杀戒。结果，东林党人中的一些小人纷纷投靠魏忠贤，形成阉党，趁机窃居朝廷各个部门要职。叶向高两头不搭边，孤木难支，难有作为，只好请辞。

叶向高著作甚丰，著有《纶扉奏草》30 卷、《续纶扉奏草》14 卷、《宫中实录》8 卷、《蘧编》20 卷、《纶扉尺牍》20 卷、《苍霞草》20 卷、《苍霞余草》14 卷、《苍霞诗草》8 卷、《说类》20 卷、《参步古今大方诗经大全》14 卷、《福庐灵岩志》3 卷、《玉堂纲鉴》72 卷、《福清县志》4 卷、《宫词》4 卷。

佘梦鲤

—— 两袖清风的湖广按察使

佘梦鲤（生卒年月不详，约生活在明嘉靖至万历年间），字有徵（又作有徽），镇东卫（今海口镇城里村）人，少时家境贫困，但勤奋上进。明万历十一年（1583）与叶向高同榜登进士。

佘梦鲤最初任新建县令，依循典章，安抚百姓，甚得民心。后升户部主事，分管天津赋税。任职期间，外出办理钱粮等事宜，滴水不沾，两袖清风，深得户部倚重，升广东按察使副使，后又升为广东省参政，主政一省事务。明万历三十年（1602），因平定叛乱有功，钦赐帑金十五两，加二品服，转湖广按察使。佘梦鲤未到任就请求退归。

佘梦鲤回乡杜门谢客，很少参与迎来送往的事，也不找地方官办私事。但他对涉及百姓利益的事，总是挺身而出，义不容辞。当时，福清县内百姓向镇东卫交纳公粮，经常受收钱粮的官员敲诈勒索。在用斗量粮时故意装得满满，然后用脚猛踢量斗，称“踢斗”。这么一踢，斗上的粮食就会掉到地上，掉在地上的粮食归收粮

官员所有。加上其他手段一石粮要多交五斗。后改为交纳钱币，按当年的市场价交钱就行，称“折色”。这样一来民众高兴了，收粮的官员因无利可图，便要挟地方官员恢复旧制，公粮用实物缴纳。

佘梦鲤深知用实物交公粮对百姓的危害。于是亲临县衙陈述其中的利弊，并说作为父母官，事事要以民为本。县官心里虽然一百个不愿意，但面对的是二品按察使，如果不接受他的意见，他将上报朝廷，不仅头上的乌纱帽保不住，只怕人头也难保。于是，县官驳回镇东卫兵痞和收粮官员的要求，维持用钱币交公粮新制度不变。全县在编户百姓都非常感激佘梦鲤。

刘应宠

—— 明代抗荷名将

刘应宠（生卒年月不详，约生活在明隆庆、万历年间），字汝绩，祖籍淄川。他出身于将门，少年就有大志，箭法高超，百步穿杨，百发百中。明万历十八年（1610）袭父职任镇东卫指挥使，补福建抚标中军。

刘应宠刚任职这一年，太监高采奉旨来闽，刘应宠被抽到省城福州参加保卫工作。到达福州当天晚上，巡抚院仪门失火，天干物燥，火势很大，众兵将没人敢近前，只有刘应宠奋不顾身，仗剑挺身冲进火海，保护袁中丞升堂并指挥救火，立下头功。

九年后，明万历四十七年（1619），刘应宠升南澳把总。又三年，明天启二年（1622），刘应宠再一次晋升，为福建水标游击将军。明天启二年（1622），被称为“红毛”（又称红夷）的荷兰殖民者侵占澎湖。朝廷接到福建奏章大为震惊，调副都御史南居益为福建巡抚，主要任务是剿灭盘踞在澎湖的“红毛”。

南巡抚第一次出兵是明天启三年（1623）十月，因为荷军在澎湖岛上筑有坚固的城堡，再加上澎湖离台湾较近，军需供给充足，没能把“红毛”从澎湖上赶出去。时年12月，南巡抚接到闽南沈铁上书称：“红夷肆掠，洋船不通。”因为自明万历时期起，是闽南国际贸易的全盛时

代。由于红夷占据澎湖，在台湾海峡作乱，日本、菲律宾等国的商船不敢来闽，使闽南国际贸易遭到重创。因此南巡抚决定第二年四月再次出兵澎湖。但是，这次出兵该怎么打呢？幕僚们很一致的意见是：擒贼先擒王，活捉荷将高文律，澎湖上的红夷就不打自散了。南居益把刘应宠找来。刘应宠带领的部队纪律严明，操守清正，他不但不接受任何士卒送礼，还经常掏腰包接济有困难的士卒，所以士卒很乐意为其效力。刘应宠根据南居益的计策，命士卒分头袭击海上的“红毛”，引荷将高文律出岛。荷将不知是计，带领荷兵倾巢出动。只听一声炮响，另一支部队冲上岛去，截断了荷军退路。一时间海上荷军乱成一团。刘应宠活捉荷将高文律，斩首于福州，荷兰侵略者终于被赶出澎湖。为此，兵部向朝廷请功，刘应宠晋升福建北路参将，后改南路参将。

明天启六年（1626），两院会疏，覆戡平“红毛”功绩，提拔刘应宠为南路副总兵。邹中丞赞刘应宠为“殿邦宿将”。

林正亨

—— 被湖南百姓称有再造之功的好官

林正亨（1590—1648），字宗谦，号益谦，海口城里村人。明万历四十六（1618）乡试中举，第二年会试连捷中进士，授楚湘（今湖南省）司李，管一府司法、刑狱事务。

林正亨刚到任就遇到一件棘手的案件，当时湖南的湘怀王朱由栩的王妃的娘家兄弟仗势欺人，横行不法，虐杀贫民，地方官无人敢管，受害者求告无门。新官上任三把火。林正亨第一把火就点在王妃娘家皇亲国戚上，将其拘拿问罪。这个“藩戚”自恃有王爷当靠山，咆哮公堂，林正亨当堂将他杖毙。百姓无不拍手称快，但这件事却震动了朝廷，欲以追究。百姓上万人上表为林正亨请功，朝廷迫于朝野压力，只好作罢。林正亨还巡视了监狱，重新审理了积案，平反了数十起重大冤狱。明万历末年，朝廷加征“三饷”——“剿饷”“边饷”“练饷”，农民和城市手工者不堪其负，叫苦不迭。林正亨上书朝廷，建议改为“折役”，减轻农民负担。朝廷采纳了这个建议。湘民称林正亨有再造之功，筹钱建生祠纪念。

明天启元年（1621），林正亨奉命担任楚湘乡试主管，第二年又受命主持四川乡试，所取举人“皆得名士”。湖、蜀

民皆服。明天启五年（1625），林正亨被选为礼部主事。三年后，转任兵科给事中，分管兵器和军械。又三年，林正亨被选任“经筵”，为崇祯皇帝讲解经史子集，奉命册封益藩。过两年，林正亨再次受命担任主考官，主持浙江乡试，同样所取举人皆称“得人”。之后第二年，林正亨升户部都给事中。

崇明祯十一年（1638），林正亨在户部任中，着手审核全国每年所征收和支付的赋税钱粮，核定成册，刊印成书昭示天下，杜绝积弊。结果，这件事不仅得罪了户部高官，还得罪了地方各级官吏。因此，林正亨不得不辞官归故里。

林正亨居家时，热心于地方公益，曾与举人方见泰一起筹建镇东城天峰塔，为海上航船辨别方向。

崇明祯十七年（1644），清兵攻陷京城，明亡。督师大学士史可法等拥戴明宗室朱由崧到南京，建立弘光政权。第二年二月，林正亨前往浙江绍兴投鲁王以海，参加抗清斗争，弘光帝授命他为户部侍郎。三月，清兵南下攻破南京，弘光北去。唐王朱聿健到福州。林正亨随之回福州。四月，福建巡抚张肯堂、在籍礼部尚书黄道周等，以及郑氏兄弟拥戴唐王称帝，建隆武年号，建立以福建为行都的反清复明根据地。林正亨升为户部尚书。明隆武二年（1646），因为郑芝龙降清，福州被清兵攻破，隆武帝迁往广东，随后福清也被清兵占领。第二年正月，林正亨与周雀芝等攻取海口、镇东两城。四月，与清兵决战，兵败，海口、镇东两城被屠。之后林正亨隐匿民间。清顺治五年（1648），林正亨病逝于家中。

商梅

—— 交友遍天下的八闽诗画奇士

商梅(生卒年月不详,约生活在明万历、崇祯年间),又名家梅,字孟和,邑西永寿里石竹山下(今属东张镇)人,后随家迁居福州东门外横屿。自幼酷爱诗画,厌避科举功名,常坐一室,高吟王维诗,描摹古人画,自得竟日。

商梅爱交游,只要听说哪里有诗画高手,他就想方设法、不辞途远前去请教、切磋。成年后跟随在湖北竟陵(今湖北省天门市)任县令的父亲来到竟陵,结识了明末“竟陵派”创始人之一、诗家钟惺(1574—1624)及同为“竟陵派”创始人、诗家谭元春(1586—1637)。钟惺在明万历三十八年(1610)登第后一度滞留京城,商梅也随之入京。在京又认识了诗人马仲良。不久马仲良出任江苏苏州浒墅钞关,商梅又随之到苏州。苏州自古人文荟萃,风物隽秀,激起了商梅喷涌的诗情画意,创作了大量诗作和画作。钟惺曾将商梅的诗选刻成集,题为《种雪园诗》,并在序言中称道商梅的诗取材广泛,涉及的事物多,描写的地域大,很有新意。钟惺对商梅到苏州后的新作尤其欣赏。他对苏州当地诗家们讲:“商梅《种雪园诗》里的诗,用词浅平而不显简陋,用意却深而有力啊!”苏州当地的诗家们都赞同钟惺

这样的评价。后来，商梅又游历娄江（今江苏省太湖一带），结交了诗家冯元飏（明天启元年进士）、李继贞（？—1642)。冯元飏称他：“孟和人品、诗画，当在渊明、摩诘间。”李继贞赞他:“孟和，八闽奇士，才名满天下，交游亦满天下。” 商梅与莆阳（今莆田市） 书画家赵珣结为艺文生死之交，死后还同葬福州西郊。商梅与自号“白云先生” 的莆田诗人陈昂也有很深的交往。陈昂后贫病交加，客死南京。商梅为其操办后事，还搜集其遗散诗作，编成《白云集》 六卷，并在卷首题诗云：“一生多难里，孤泣意焉如。泪向人空落，身无家可居。依僧犹织屦，垂老尚佣书。寂寞诗名处，方知天所余。”由于一生信奉“读万卷书，行万里路，交八方友”，是以诗画功夫益深。晚年时，商梅回到家乡，闭门整理自己的诗作，在《种雪园诗》 的基础上进行增删斧订，最后刻成诗集《那庵集》 四十卷行世，可惜今天在他的家乡却找不到这套凝聚着商梅一生心血的诗集，连清乾隆版《福清县志》 收录的百十首诗词中也没有商梅的作品，这不能不说是一件憾事。幸而清代福州著名文人郭柏苍的《全闽明诗传》 收录有商梅诗作 13 首，可谓遗珠。

林汝翥

—— 铁面无私的监察御史

林汝翥（1586—1648），字大葳，号心弘，灵得里（今上迳镇东林村）人。明万历三十四年（1606）乡荐授沛县知县，后因镇压白莲教徐鸿儒起义立下战功，升四川道监察御史。

明天启四年（1624），林汝翥眼见大宦官魏忠贤为了打击政治上的反对派，大杀东林党人，又广结党羽，把持各部权柄，将朝政整得腐败至极，十分愤慨。时任内阁首辅的邑人叶向高孤木难支，请辞归里，所以他专程进京送别叶向高。不料，林汝翥到了京城，在北城碰上太监曹进、傅国兴二人，这两人依仗魏忠贤的势焰，处处为非作歹。林汝翥本来对朝中阉党心中就有气，苦于抓不到他们的把柄，这回刚好撞到他的枪口上，一时火起，忘了自己是外官不能处罚内监的朝规，鞭打了两位太监。结果被魏忠贤的死党司监王体乾告到皇帝那里去，按明律要处以林汝翥廷杖之刑。林汝翥知道，魏忠贤死党施行的廷杖之刑，那是要人命的。林汝翥怕连累叶向高，于是打消了送行的念头，偷偷出了京城，到了顺天府巡抚邓渼那里，写下《劾魏忠贤疏》，请邓渼转递皇上。奏疏历数魏忠贤罪状，最后说，朝廷上下，人人都惧怕魏忠贤的淫威，不知有皇上的威灵。

提请天启帝要吸取唐文宗纵容仇士良而酿成甘露之变的教训。这时的天启帝哪里听得进一个犯官说的话，下旨将林汝翥廷杖后解职为民。

林汝翥居家时，发现个别族人利用驿道经过家乡之便，结伙打劫过往商人，即捕杀了为首作恶之徒。从此地方清静，道路通行。过往的福、兴、漳、泉四府商民感念林汝翥恩德，筹建“颂德祠”，春秋两季祭祀。明崇祯元年（1628），新皇朱由检登基，林汝翥官复原职，不久升广东琼道，直到退休归家。

南明永历元年（1647），鲁王从海上率军，攻克被清兵占领的连江、长乐、永泰、闽清，接着收复罗源、宁德。也就是这个时候，鲁王召见林汝翥，授他兵部右侍郎之职。时年十月，林汝翥率乡兵与吏部林主事会合，攻打福清县城，林主事阵亡，林汝翥被俘虏，但宁死不屈，吞金自尽。

周寉芝

——从“海盗”到大明水军都督

周寉芝(1592—?),字九玄(一作九元,又作九京),福清县感德乡仁寿里松潭村(今龙江街道松潭村)人,他曾经苦读经书,但生逢末世,于是便弃文习武。周寉芝精于武艺,行侠仗义,常为穷苦乡亲打抱不平,专事劫富济贫,因而被当地土豪劣绅视为眼中钉。为增强势力,他结交了当时统领三十六岛的岛主大将军萨斯玛,做其义子。同时结识了福建沿海最强大的“海盗”头目郑芝龙、郑成功父子,成为当时东海和台湾海峡一带仅次于郑芝龙父子的知名“汪洋大盗”。因为他只越货、不杀人,而且从不抢劫普通百姓,有时还把抢来的财物分给贫苦百姓,所以被称为“义盗”。

明崇祯年间,有一回他思乡心切,寅夜化装返家,被当地衙役探知,逮捕入狱。三年后他贿通狱吏,脱囹出狱后厌烦海上漂泊生涯,便接受朝廷招安,被任命为把总,负责稽查海上船只。明崇祯十七年(1644),李自成义军攻陷京城,崇祯皇帝自缢煤山,明亡。当年降将吴三桂引清兵入关,民族危难,他毅然举兵抗清,南明唐王封他为水军都督。他以舟山为基地,发展抗清武装。后与主将黄斌卿不和,改任平海将军,统领水军。

南明隆武元年(1645),平国公南安王

郑芝龙要投降清廷，曾拉他一同降清，他以死劝阻。郑芝龙经不起清廷引诱，终于清顺治二年（1645）降清。郑芝龙的儿子郑成功，弟弟郑芝豹、郑鸿逵和族亲郑彩均与其决裂，坚持抗清。他帮助郑成功统辖移兵海坛，设总镇署，坚持在福建沿海固守要塞，继续树起抗清复明大旗。

清顺治三年（1646）正月，南明唐王封他为平鲁伯，命其镇守福清海口、镇东两城，四月建立抗清基地。十月，他与郑彩率师围攻福州城，终因寡不敌众，兵败而归。是年年底，他在数万清兵的围攻下，只得暂退海坛之外岛火烧屿。次年秋季，他派其义子林皋到日本向他的义父萨斯玛求援，没有成功。后再次从海上攻福州，失败后北上浙江舟山，与张名振、阮进的浙东义师会合，重振旗鼓，试图中兴明室。

清顺治十年（1653），他率部随郑成功部队在福清、长乐登陆，一度攻下福清海口、镇东二城和长乐松下等地，后又转战海坛。不久，海坛也被清兵攻陷，此后他不知去向。民间传说他此后投靠日本萨斯玛，也有讲他兵败后落发为僧，还有认为他已战死于乱军之中。据说现在平潭县敖东乡大福村一处临海的小山岗上有座古坟，就是他的墓冢。

隐元

—— 中日文化交流使者

隐元 (1592—1673)，字隆琦，俗姓林，讳曾昺，号子房，万安乡灵得里（今上迳东林村）人。隐元的父亲是林德龙，母亲是龚氏，有两位兄长。隐元 6 岁时，父亲到湖南、湖北打工挣钱。隐元 9 岁时，读了一年私塾，因父亲突然断了音信，被迫辍学。11 年后，隐元 20 岁，决定北上寻找父亲，没找到。最后盘缠耗尽，流落到舟山普陀寺潮音洞为僧众烹茶。在这里，他天天静听僧人诵经，与佛对话，心灵深处便埋下了对佛祖的景仰。

明万历四十八年（1620），隐元 28 岁，他母亲逝世，心里没有了牵挂便决定皈依佛祖，毅然到黄檗山万福寺剃度出家，跟鉴源禅师修行。他虽然只读了一年私塾，却刻苦自励，面壁三年，通读寺内所有藏经。之后周游名刹，15 年后修炼成为具有较高文化素养的一代高僧，成为临济宗的正式传法者。明崇祯九年（1636），隐元继承临济宗第三十一世祖费隐的法座，成为黄檗山万福寺的住持。在隐元长达 17 年的苦心经营下，黄檗山万福寺扩建了钟鼓楼、藏经阁、斋堂、库房、云厨等。从而大振了临济雄风，振兴了黄檗法门，使万福寺成为东南沿海名刹和福建佛教文化中心之一。当时的著名学者黄道周，书法

家张瑞图、陈贤，雕刻家范爵、范道生等都与黄檗山万福寺有来往。至清顺治八年（1651），黄檗山万福寺僧众达千余人。

隐元名震日本，日本长崎的崇福、兴福等寺僧侣在三年的时间里四次谏请隐元东渡弘法。清顺治十一年（1654）农历六月二十，63岁的隐元禅师率30名弟子，在郑成功的帮助下，从厦门下船东渡，经过15天的海上漂泊到达日本长崎，受到日本政府官员和僧侣的热烈欢迎。后水尾天皇接见了隐元；日本公卿、京都行政首脑等纷纷皈依隐元，使沉静多年的佛教界为之一振，曹洞宗、临济宗许多僧侣相继投归隐元门下。5年后，由于隐元给日本佛教界带来新气象，日本皇室在京都的醍醐山麓赐地一万坪给隐元建造新寺。隐元亲自规划新寺，从建筑风格到雕塑装饰，一概按照家乡黄檗山万福寺的建筑风格。同时新寺取名“黄檗山万福寺”，于是就有了中国福清的“唐黄檗”，日本京都的“新黄檗”。隐元在日本创立了黄檗宗，成为日本黄檗宗的开山鼻祖。清康熙十二年（1673）农历四月初四，隐元在日本黄檗山万福寺圆寂，终年82岁。

隐元及其黄檗宗在日本的影响至深至远。隐元圆寂的前一天，后水尾天皇赐他“大光普照国师”尊号。50年后，灵元天皇追赐隐元“佛慈广鉴国师”尊号。隐元百年忌辰，后桃园天皇追赐“径山首出国师”尊号。隐元150周年忌辰，仁孝天皇追赐“觉性丹明国师”尊号。隐元250周年忌辰，大正天皇追赐“真空大师”尊号。

林垐

—— 以身殉国的义士

林垐（1605—1647），字子野，号耻斋，磁窑（今三山镇海瑶村）人。

明崇祯十六年（1643）登进士，授浙江海宁知县。在任上，当地曾发生神棍以妖术惑众，令地方民众惶惶不安。林垐断然捕杀其为首者，妖风始敛。清军攻陷南京，杭州危在旦夕，有士兵趁机以讨饷为名包围了海宁县署，林垐一方面对众人讲明大敌当前同仇敌忾之大义，一方面把别有用心的带头者拘禁起来，平息了一场内乱。但在清军大兵压境，周边县治要么投降、要么陷落的危急情况下，他先把公署后事安排妥当，又公示安民后，才从容撤离。时唐王朱聿键从杭州退守福建，并在福州建立南明隆武政权，便诏令林垐为御史，协助大学士刘中藻辅佐力量十分脆弱的隆武小朝廷。不久，因刘中藻与手握重兵的实权人物郑芝龙不和被撤职，林垐亦受株连改任闲职文选员外郎，被派往福宁州（今福安市）招募义兵。在领兵赶赴福州途中，听说隆武帝在长汀被害，痛哭流涕，决心报仇，制棺木一具，上书“大明孤臣林垐亡柩”，决心以身殉国。当他听说鲁王朱以海领兵从海路进驻长垣，攻克连江，再下长乐、罗源等地，便带领义军与兵部侍郎林汝翥联合攻打福清城，配合鲁王收复失地。后因叛徒出卖，兵败身亡，年仅 42 岁。

清代

张可立

—— 欲抱印沉江代民而死的循吏

张可立（生卒年月不详，约生活在明末清初时期），字蔚生，时和里（今龙田镇）人，后迁方民里（今海口镇）。清顺治十一年（1654）中举人，次年登进士第，授山东莱阳县（今山东省莱阳市）知县。

莱阳是一个大县，清初御颁丈量土地，有奸宄的胥吏在丈量时用短弓多报田亩面积。这事被张可立知道后很生气，说："田地是民众的生命啊！"责令重新丈量，这才恢复到本来的数额。莱阳百姓因此都十分感激他。后来升任陕西潼关副使，不久改任四川剑州（今四川省剑阁一带）知州。剑州地区自古是兵家必争之地，在明末的战争中百姓饱受战乱之苦，到张可立上任时仍有许多死者尸骨抛撒遍地，令许多避乱在外的剑州人不敢返回，耕地也因此荒废了。张可立一到任就捐出自己的薪俸雇人收殓掩埋这些骨骸，经过三年努力，当地民众才陆续返回，剑州民生也得以恢复。他的上级听人报告张可立的做法后，下令让其他州县都要效仿，使四川全省很快走上正轨。后来，他又升迁为福建兴化（今福建省莆田市）知府。当地以往有在正常赋税之外加征漕银（即运费之类）的旧例，每年百姓要多负担二万两白银。有一年上级官员逼得很紧，张可立数次请求免除这

些不合理的负担，可是上级都不答应，张可立气得抱起官印要投水自尽，以解民忧。这才感动了上级官员，破例把漕银免除了。之后，张可立又迁任河北承德（今河北省承德市）知府。承德是京畿首邑，许多京城达官贵胄都在这里选择风水宝地，民众耕地减少了，赋税却没减少，也是张可立剔弊厘奸，均平田赋，使百姓利益不因此受损。因为张可立政绩卓著，皇帝特赐其蟒服加以表彰。后来调任甘肃凉州（今甘肃省武威市）知府。凉州地寒民贫，粮食产量很低。但是出征西域（指新疆一带）的军队很多，都要经过凉州，经常发生兵卒扰民事件。张可立说："我的官职可以舍弃，对为非作歹的兵卒绝不可放纵。"于是他与军队当局交涉，严厉处分了这些作恶者，从此再也没有发生兵卒侵扰百姓的事了。在凉州知府任上三年后，张可立升任刑部郎中，他执法既严又有人性，实事求是，仁恕处事，平反了许多冤狱。张可立为官四十年，先后担任了八种官职，在每一任上都留有惠政，值得称道。

薛起受

—— 收复台澎有功之臣

薛起受（1642—1707），字允孟，福唐里（今龙田镇）人。幼入县庠，喜习武功。及长，投长福营，因善兵法，长格斗，胆气过人，不久升任把总。

清康熙二十二年（1683），他随丁世芳率兵进攻台湾，很快就攻取了虎井屿和桶盘屿，直指敌方大本营鸡笼港。在海战中薛起受奋勇当先，以战船冲撞敌酋所在的指挥船，其余敌船一看吓得四处奔驶。清军乘胜追击，势如破竹地荡平了台湾。薛起受也因此立下大功，被提升为副将衔，授为罗源千总。不久，又被升为守卫河北省遵化县马兰峪守备。马兰峪是清廷入关后选定的陵寝宝地，这里埋葬着顺治帝的孝陵，因此地理位置十分重要。康熙皇帝曾经在畅春苑接见薛起受，面试他的武艺。薛起受在骑射表演时十箭十中，康熙皇帝十分高兴，破格御授他为陕西西安副将，兼管游击。清康熙四十六年（1707），为加强东南海防，薛起受被升为海坛总兵，负责福建中部沿海防务。薛起受以其丰富的领兵经验和对当地风土民情的了解，兢兢业业把防务整饬得固若金汤。66岁时，薛起受病卒于任上。

李复旦

—— 奋不顾身、为民请命的秀才

李复旦（生卒年月不详，约生活在清朝初期），字秉图，号鸿庵，永宾里锦城上利（今城头镇）人，是县学生员。他孝敬父母友爱兄弟，一直尚节仗义。

清康熙元年（1662），朝廷为防止福建沿海民众与活动在台湾海峡的郑成功余部联系，下诏将沿海乡村民众迁离。永宾里就在海边，也在这次迁界之列。时任闽浙总督李率泰亲自到福清，监督地方官抓紧搬迁进度，同时把本不属于迁界的方成里（今城头镇五龙一带）和新安里（今海口镇柏渡一带）民众迁往距离县城较近的里美。李率泰权重令严，稍微有不从的，动不动就以军法处治，许多人都敢怒而不敢言。

那时李复旦一家已经内迁了，但他想方成里和新安里两地人口稠密，一旦内迁，许多人家势必流离失所、生计无着。于是他不顾自己的生命安危，赶到宏路驿，拦住了即将回省的李总督的马头，向他陈述内迁民众的种种惨状，请求让方成里、新安里百姓不用内近。因为他讲的都是实话，又合情合理，最后李总督不得不采纳了他的谏言。就这样方成里、新安里有五千多户人家无须迁界，得以过安定的日子。乡里人都感谢他做了一件大好事。

李复旦活了90岁，并因为孙子李修卿中了清雍正七年（1729）陆祖新榜进士，出任侯官县学中，而被朝廷赐赠文林郎、翰林院庶吉士。

陈凤鸣

—— 仗义疏财、慷慨助人的仁者

陈凤鸣（生卒年月不详，约生活在清初），字长山，永宾里星桥（今城头镇星桥村）人，清康熙二十年（1681）乡试中举人。因为家中父母年老，就在家里赡养老人，没有外出当官。

陈凤鸣自幼侠烈慷慨，清雍正七年（1729），福清遭遇百年大旱，田里的庄稼都枯死了，许多人家都断了炊烟。陈凤鸣毅然雇船到福安买了两千石谷子，用低于买价很多的价格卖给乡亲，帮助乡里度过灾年。不料第三年又遭遇大旱，因为那年福州府许多县都遭灾，官府的粮库都空了，从别处调运又来不及，刚好陈家还有前两年从福安买回的剩余谷子，陈凤鸣就开仓放谷子，救活了很多人。后来，乡里规划围海造田，他又带头捐资三百两白银。此外，他又倡导修桥铺路，花费了几千两白银。乡里有人蒙冤时，他就替人申诉。而且他做这些善事时，多不让别人知道，更不图他人回报。他的这种仁义之举受到许多人的称赞，制台郝玉麟和藩台黄叔琬都给予旌表。

陈凤鸣的仁者之风还影响了后代，他的孙子季柽后来也捐建了游公祠。

余甸

—— 雍正皇帝称其“直臣”

余甸（生卒年月不详，约生活在清朝初期），原名祖训，字仲敏，号田生，化北里玉石（今港头镇）人，清康熙四十五年（1706）中进士。余甸自幼聪颖异常，博览群书，下笔千言，每次考试都是第一名。青年时曾游学京都，到过苏州，遍交当地名士，与当时知名文人顾有常、方灵皋等一见如故，结为文坛知音。福建巡抚张伯行慕其才，延请他主持鳌峰书院，遇事多向他咨询和请教。

中试后，朝廷授余甸四川江津县知县。余甸一到任，天天按时升堂，亲自接待并审理百姓投诉的各类案件、纠纷，及时立决，从不拖压。时雍正皇帝钦封的抚远大将军年羹尧，率岳钟琪等到青海平定罗卜藏丹律犯境。年羹尧在清康熙末年曾担任四川巡抚，知道四川是个米粮仓，想在那里对各县额外加征赋税，充裕军饷。年羹尧三发公文到津县，余甸置之不理。年羹尧发火，派兵弁持公文到津县找余甸，余甸不见。兵弁在县衙门口大闹。余甸火起，立即升堂，喝令把兵弁捆起来，押到大堂施以杖刑，打入大牢。百姓闻讯，集几千人于县衙，求余甸说，大人弃一官职不难，但大人一去，谁能为我等百姓排忧解难。余甸怕事情闹大了祸及百姓，才放了年羹尧派来的兵弁，但依然不给摊派的额外赋税。因为国家赋税是户部核定，将官无权下文征交，所以年羹尧不再催逼，这件事就这样不了了之。

余甸在津县任期满后，入京转任吏部考功司郎中，主管考核各级官员工作。在任三年间，发现十几起官员“作奸巧法”案件，被上任扣压不报，有人向他塞钱，希望他睁一只眼闭一只眼过去。余甸不接，还说：在其位要谋其职，要不朝廷就没必

要花钱养我们这些官员。于是，他经过一一核查无误后上报吏部。适逢其父百岁，余甸回乡守孝。

又三年，余甸孝满回京，被派往山东兖州督河工。余甸一上任，就有民众向他反映，管事的官员不仅克扣民工钱粮，还虐待民工，百姓怨声载道。余甸经过暗查细访，处理了一批鱼肉民工的河务官吏，百姓无不欢呼雀跃。但他的行为损害了那些被处理官员靠山的利益，于是反咬一口，向雍正皇帝诬陷余甸贪污，纠集那些被处理的官员作伪证，说他们之所以被处理，是因为没有给余甸塞钱。雍正帝派齐苏勒总督查办，余甸被拘禁。一天，齐苏勒巡视河务经过兖州，当地百姓聚集万余人在江边，手持香火，稽首舟前，高喊："还我余公，我等百姓万世称颂大人。"齐苏勒大惊，竟然有万余百姓为余甸喊冤！其实他心知肚明，余甸为官多年，官声甚好，不可能贪污。只是年羹尧给他打过招呼，要报拒粮之仇。现在面对万余百姓，只好答应马上写奏章给皇帝，并誓言保证，百姓才散去。

雍正皇帝看了齐苏勒的奏章，即召见余甸，并对在殿的大臣说："朕又得一直臣矣。"并特授余甸为山东按察使。一年后，又内调为顺天府丞。后因对下属失察，余甸辞官归。卒年72岁。

余甸著有《千卷楼集》《入蜀出蜀集》《田生文集》各一卷。

林则徐

—— 睁眼看世界之第一人

林则徐（1785—1850），字元抚，又字少穆、石麟，晚号俟村老人、瓶泉居士等，出生于福州。祖籍海口岑兜村。清嘉庆三年（1798），林则徐中秀才，就读鳌峰书院。清嘉庆九年（1804）中举，任厦门海防同知书记，后入福建巡抚张师诚幕府。登清嘉庆十六年（1811）进士，选为庶吉士，授编修。先后任江西乡试副考官、云南乡试正考官。清嘉庆二十五年（1820），任江南道监察御史转浙江杭嘉湖道，任上修海塘，兴水利，发展农业，颇有政声。

林则徐是睁眼看世界的第一人。19 世纪初，资本主义的第一次工业革命随着蒸汽机的广泛使用正如火如荼地兴起，廉价的工业产品到处寻找市场，中国是世界上人口最多的国家，成为西方各资本主义国家觊觎之地。但是，那个时候中国的民族资本主义还处于萌芽阶段，广大农民依然过着男耕女织、自给自足的小农经济生活，洋货无人问津。而且朝廷实行闭关政策，外国人到中国来做生意困难重重。唯利是图的英国商人便用鸦片打开中国国门，不仅从中获取暴利，还严重损害了中国国民的健康。在各方面的压力下，清道光皇帝授林则徐以钦差大臣的重任，同时节制广东军机大事，前往广东禁烟。他于道光十

八年（1838）十二月受命到达广东就雷厉风行严禁鸦片。1839 年 6 月 3 日在虎门公开销毁没收的鸦片烟 237 万斤，取得禁烟运动的胜利，名震中外。林则徐在禁毒的同时，主张外国商人在中国的正常贸易。他清醒地认识到，外国人来中国做生意，对中国发展经济有好处。著名历史学家范文澜在他的《中国通史》中提出“林则徐是中国睁眼看世界的第一人”。然而，朝廷愚昧且腐败，最后被外国人用利舰大炮打开国门，中国被沦为半殖民地半封建国家。

林则徐官至一品，曾任湖广总督、陕甘总督和云贵总督，两次受命为钦差大臣。除了在湖广总督任上做了惊天动地的禁烟大事外，在河务、海防和屯垦等方面多有建树。清道光二十一年（1841）三月受命赴浙江协办海防。在浙积极筹议战守，提供炮书，帮助研制新式炮车和车轮战船。五月，道光皇帝以广东战败，归咎前任，林则徐被革去四品卿衔，从重惩处，充军伊犁。途经镇江，授老友魏源以《四洲志》及有关外国资料，嘱撰《海国图志》。旋因黄河在河南开封祥符决口，酿成水患，奉旨往河南黄河工地治河。工竣仍戍伊犁，清道光二十二年（1842）抵伊犁。他协助办理垦务，亲历南疆库车、阿克苏、叶尔羌等地勘察，行程三万里，所到之处倡导水利，开辟屯田。又绘制边疆地图，建议兵农合一，警惕沙俄威胁。清道光二十五年（1845）被起用为署陕甘总督，次年转任陕西巡抚。清道光二十七年（1847）升任云贵总督。曾先后平息、镇压西北、西南民族冲突和人民起义，整顿云南矿政。清道光二十九年（1849）因病辞职归籍。

清道光三十年九（1850）奉旨为钦差大臣，赴广西镇压农民起义。十月抱病起程，1850年11月22日病逝于潮州普宁县（今广东普宁北）行馆。清代著名思想家、史学家魏源闻讯以挽联对其一生人品和功绩作了全面和崇高的评价：“品望重当朝，犹忆追陪瞻雅范；褒荣垂史乘，徒殷景仰吊遗徽。”清咸丰元年（1851），咸丰清帝赐祭葬，谥号“文忠”，晋赠太子太傅。林则徐逝世后，全国哀悼，福州建祠奉祀。

林则徐虽然生在福州，但是并没有长期生活在福清，我们为什么把他列为福清历史名人呢？这是因为林则徐祖籍地在福清杞店（今海口镇岑兜村），清道光三十年（1850），林则徐告病在福州家里。这一年，刚好福清文庙重修，需要写一篇重修碑文，便去请林则徐撰写，林则徐很乐意地接受了。他在《重修福清县文庙碑记》中称：福清是“桑梓之邦”，并说自己的“先世为融人”。而且在更早些时候，林则徐为其父亲林宾日写的《先考行状》中就明确写道：祖居“福清县之杞店乡”。他反复强调自己与福清的密切关系是有历史原因的。因为，在封建科举制度中，无论考举人、考进士，都必须以先祖所入的宗祠名义报考，不然会被视为“没籍仔”，如同当今没有户籍的人一样，不能参加考试。自林则徐五世祖林学彂迁居侯官（今福州）起，并没有在福州另建林氏支祠，

家省亲祭祖居住。所以，林则徐每次应试都是以岑兜村林氏宗祠的名义。清嘉庆九年（1804），林则徐19岁中举人并成婚，婚后即回福清岑兜林氏宗祠拜祖。7年后，林则徐中进士，他把“进士出身”红匾和皇帝送他的“福寿”牌匾送回祖祠悬挂，以示光宗耀祖。他的儿子林汝舟中进士，也是这样。

林则徐不但是中国的历史名人，而且是世界的历史名人。他是福清人的骄傲，把林则徐列为福清历史名人理所当然。